JN425198

슬픔이 서툰 사람들

슬픔이 서툰 사람들

불가해한 상실 앞에 선
당신을 위한
심리학자의 애도 강의

고선규
지음

아몬드

/ 상담실 문을 열며 /

상실은 삶의 본질이자 인간의 숙명이다

자살, 죽음, 애도, 상실을 주제로 한 책들이 서재를 가득 채우게 된 그 시작에는 데이비드 밴의 소설 《자살의 전설》이 있었습니다.

"선생님, 혹시 《자살의 전설》이라는 책을 아세요?"

심리부검 면담에 참여한 중년의 부인이 저에게 물었습니다. 부인의 아들은 2014년 서른 살이 채 되기 전 스스로 목숨을 끊었고 어머니는 아들이 왜 그랬는지, 그 이유를 알기 위해 이곳에 찾아왔다고 했습니다. 2014년 여름은 제가 우리나라에 이제 막 도입되어 모두에게 낯선 심리부검 면담을 시작해 스무 명 남짓의 자살 사별자를 만나고 있었던 때였습니다. 야심 차게 시작된 정부 사업이었지만 그해 봄, 세월호 침몰로 온 나라가 슬픔과 혼란 속에 빠져 있었고 복지부 담당자는 안산 체육관에서 숙식을 하고 있어 연락 한번 하기 어려웠습니다. '심리부검 면담'에 포함된 단어 모두 어느 것 하나 쉽지 않았지만 마치 오랜 경험이 있는 노련한 전문가인 양 자연스럽게 해내야 했습니다. 면담뿐 아니라 실질적인 업무도 모두 맡아 수행해야 했던 터라 자살 사별자들이 어떤 경험을 했고 무엇을 원하는지, 어떤 마음인지를 들여다보는 일보다 그저 한 사례라도 더 많이 해치워버리는 데 관심이 있었습니다. 지금도 여전히 어렵지만 그때는 훨씬 더 '누군가를 죽음으로 떠나보낸다'는 의미를 잘 몰랐습니다. 한동안 저는 임상가로서가 아니라 행정가로 자살 사별자를 만났습니다.

결론부터 말하자면, 심리부검 면담은 부인에게 어떤 속 시원한 답도 주지 못했습니다. 어쩌면 면담을 하며 제가 던진 질문들이 부인을 더욱 미궁에 빠트렸는지도 모르겠습니다. 3시간 동안 성인 자녀의 생활을 세세하게 이야기할 수 있는 부모는 많지 않고, 남자 성인 자녀가 자신의 스트레스를 부모에게 일일이 털어놓는 일은 더욱 드문 일이니까요.

심리부검 면담에 오기 전 어머니는 《자살의 전설》을 읽었고 마침 모 대학에서 저자 강연과 사인회가 열린다는 소식을 듣고 직접 그곳까지 다녀왔다고 했습니다. 정확하진 않지만 저자에게 묻고 싶은 말이 있다고 했던 것도 같고 그냥 저자가 궁금해서 다녀왔다고 했던 것도 같습니다. 다만 '아들의 자살'을 겪은 한 어머니가 '아버지의 자살'을 경험한 저자의 자전적 소설을 읽고 뜨거운 여름, 아무 인연 없는 대학의 넓디넓은 캠퍼스를 가로질러 다녀왔다는 것만은 또렷이 기억납니다.

지금 같으면 당연히 책의 내용은 물론, 저자를 만나 무엇을 느꼈는지 여쭤봤을 것 같습니다. 예를 들면, 이런 질문들을 던졌겠지요. "《자살의 전설》의 어떤 내용이 마음에 와닿으셨나요?", "책을 읽은 뒤, 혹은 저자를 만난 뒤 새롭게 알게 된 것이나 실망하셨던 대목이 있으셨나요?", "아들의 죽음을 이해하는 데 도움이 되셨다면 어느 부분에서 그렇다고 느끼셨나요?"

이런 질문을 건너뛴 채 3시간 동안 부인에게 물었던 심리부검 면담의 질문은 이런 형식입니다. "사망 3개월 전에, 6개월 전에, 혹은 일 년 전에 '이러이러한 일'이 있었나요? 있었다면 얼마나 힘들어 했나요?" 여기서 '이러이러한 일'이란 개인이 겪을 수 있는 모든 생활 스트레스 사건을 의미합니다. 즉 이 질문은 삶의 방대한 영역에서 심리적 스트레스를 끼칠 만한 어떤 변화가 일어났는지를 묻는 것이라고 볼 수 있습니다. 만약 고인이 대인관계 스트레스 사건을 겪었다면 거기에서 또다시 가족, 친구, 직장 동료와의 관계로 세분화해서 질문하죠. 당시 저는 이 건조하고도 전형적인 질문들의 답을 얻어내는 데 집중하느라 아들의 죽음 이후 어머니가 어떤 시간을 보내고 있는지는 살피지 못했습니다.

면담을 마친 직후 《자살의 전설》을 샀지만 책날개에 적힌 작가 소개를 읽고, 인터뷰 기사 몇 건을 찾아보고는 그대로 덮어두었습니다. 넘쳐나는 행정 문서 작업에 질려 소설책을 읽을 엄두를 내지 못하던 때였거든요. 책 내용은 몰랐지만 작가 데이비드 밴이 인터뷰에서 말한 어떤 문장이 저를 사로잡았습니다. 문예창작과 교수이기도 한 작가는 학생들에게 "가족을 제단에 올려놓고 도끼를 휘두르라"[1]고 말한다고 했습니다. 그러면서 이렇게 덧붙였습니다. "그리스인들은 가족이 우리를 만들고 망가뜨린다는 사실을 2500년 전에 이미 알고 있었다. 현대의 치유적 관점에서 보더라도, 우리가 어떻게 해서 망가졌는지 이해하지 않고서는 다시 온전해질 수 없다." 그러면서 《자살의 전설》은 자신이 도끼를 휘두른 처절한 흔적이 곳곳에 묻어 있는 작품이라고 했습니다.

심리 치료자로서 작가의 말에 무척 공감이 됐습니다. 대부분의 치료는 자신을 형성한 원천이자 내가 가진 상처의 근원이 되는 가족을 대면하게 만듭니다. 여기서 '대면'은 단순히 바라보는 수동적인 과정이 아니라 의식적으로든 무의식적으로든 외면해온 균열에 직면하는 일입니다. 그 과정에서 때로는 허물어야 할 것을 허물고 재건의 자리를 닦아야 할 때도 있습니다. 작가가 말하는 '도끼를 휘두른다'는 표현은 파괴와 재구성이라는 심리적 노동을 상징하는 것으로 느껴졌습니다.

거칠고 극적이지만 핵심을 꿰뚫는 작가의 표현이 좋았습니다. 그리고 시간이 꽤 흐른 뒤, 수많은 자살 사별자를 만나는 동안 그 문장이 눈앞에서 생생하게 펼쳐지는 경험을 했습니다. 어떤 이유도 알려주지 않고 떠난 이의 죽음을 이해하기 위해 제단을 지었다 부수기를 반복하는 자살 사별자의 이야기들이 쌓여갔습니다. 사별자들은 삶의 '어떤 시기'에 노골적으로, 때로는 미묘하게 제단 위에 누군가를 올려두고 도끼를 휘두릅니다. 그저 '어떤 시기'라고 모호하게 얘기하는 이유는 죽음 정황이나 관계의 애착 정도 그리고 각자의 고유한 이유에 따라 그 시점이 달라지기 때문입니다. '누군가'는 자기 자신일 때가 많습니다. 그래서 자살 사별자와 이야기를 할 때면, 스스로에게 날 선 도끼를 휘두르며 유혈이 낭자한 폐허 한복판에 서 있는 사람이 겹쳐 보였습니다. 그렇게 흘린 피가 제 마음에 스며들 때가 많았습니다.

십여 년의 세월이 지난 지금, 여전히 책장에 꽂혀 있는 《자살의 전설》을 바라볼 때마다 여름 한가운데에서 한없이 추운 표정을 지어 보이던 어머니의 모습이 떠오릅니다. 그분은 어떻게 지내고 계실까요. 애도 상담에 오는 사별자들은 자신과 비슷한 경험을 한 다른 사람들이 도대체 이 시간을 어떻게 보내고 (또 견디고) 있는지 궁금해 책을 읽는다고 합니다. 고통의 시간에서 빨리 벗어나고 싶어 책 이외에도 도움이 될 만한 것을 찾아보곤 하는데, 그것은 당사자의 에세이일 때도 있고 출처가 불분명한 누군가의 강의일 때도 있습니다. 영화와 드라마, 소설, 시까지 그 대상은 다양합니다. 《자살의 전설》을 시작으로 저 역시 읽고 보고, 또 읽고 보았습니다. 무대포로 덤벼들어 폭식을 하듯.

'자살'을 키워드로 넣으면 검색되어 나오는 영화와 소설, 교양서 들을 닥치는 대로 읽고 보았습니다. 키워드의 변주는 더 넓어져 상실, 죽음, 애도까지 향했고, 무수히 많은 창작물이 쏟아져 나왔습니다. 읽을거리, 볼거리의 홍수 속에 허우적대다가 검색을 그만두었습니다. 그리고 깨달았습니다. 상실이 없는 창작물은 거의 없다는 것, 그리고 상실은 삶의 본질이며 우리 모두가 마주해야 할 인간의 숙명이라는 것을요. "선생님, 드라마나 영화를 보기가 힘들어요. 죽음을 다룬 얘기가 이렇게 많았는지 이전에는 미처 몰랐어요." 내담자들에게 자주 들었던 말입니다.

누군가의 죽음을 겪기 전까지 세상에 이렇게 많은 죽음이 존재한다는 사실이 보이지 않다가 그가 떠나고 나서야 모든 죽음들이 선명해집니다. 저 역시 그랬습니다. 그리고 알게 되었습니다. 잘 떠나보낼 수 있는 사람만이 기어코 다시 삶을 사랑할 수 있다는 것을 말이죠. 제가 이해하고 발견한 상실과 애도의 이야기를 펼쳐놓고 나누고 싶어 이 책을 통해 애도 상담실과 강의실을 열었습니다. 예측하지 못한, 갑작스러운 죽음을 맞이한 사람들이 풀어내는 애도의 이야기를요. 혼자서는 애도하기 힘든, 누군가가 꼭 함께 해야 하는 분들의 이야기가 여기 있습니다.

다양한 죽음과 그보다 더 다양한 애도의 모습을 이야기하기 위해 영화 속 주인공 열 명을 상담실로 초대했습니다. 시나리오 속 그들의 경험 덕분에 내담자와 약속한 비밀 보장의 원칙을 준수하며 제가 함께 나누고 싶은 슬픔들을 펼쳐놓을 수 있었습니다. 저는 영화를 좋아하지만 영화 평론가가 아니므로 선정된 영화의 완성도나 작품성을 말할 수는 없습니다. 오직 여러 관계와 상황에서 발생한 죽음으로 인한 '상실'과 남겨진 사람들의 '애도' 문제에만 초점을 맞춰 영화를 선택했습니다. 상실과 애도에만 클로즈업해 발췌한 영화 주인공의 이야기가 자칫 영화를 본 감상자의 느낌을 방해하진 않을지 염려됩니다. 혹시 그렇게 느끼셨다면 미리 양해를 구합니다.

상실과 애도의 영화를 찾아보고 선정하느라 잠시 OTT의 노예가 되었습니다. 영화를 제 속도로 보기도 하고, 느리게 재생하기도 했으며, 빠르게 돌려보는 일을 수차례 반복했습니다. 그러다 보니 영화 속 주인공이 어디

엔가 실제 존재하는 나의 내담자인 것 같은 착각이 들기도 했고 엔딩 크레디트가 올라간 이후 그들의 안부가 진심으로 궁금해지는 경험을 하기도 했습니다. 자연스레 저와 함께 애도 상담을 했지만 충분한 도움을 받지 못했던, 심지어 실망하셨던 분들의 얼굴도 떠올랐습니다. 그분들께 우리가 미처 나누지 못한 이야기가 이런 것이었다고 전하고 싶습니다. 비록 그 시절 도움을 드리지 못했으나 지금 이 순간, 상실을 품고 더 큰 존재가 되어 각자의 삶을 충실히 이어가고 있길 진심으로 소망합니다.

제가 간절히 바라는 것은, 누군가를 잃고 자신의 삶 또한 잃어가는 분들 곁을 가만히 지켜줄 사람이 더 많아지는 일입니다. 조그맣게 차려놓은 상담실과 강의실이 그 용기를 얻는 공간이 되었으면 좋겠습니다.

이해를 구합니다.

- 영화 주인공이 일회 상담을 하는 가상의 상황을 설정해 이야기를 풀어낸 것으로 실제 애도 상담 장면과는 큰 차이가 있습니다.
- 애도 경험을 이해하는 데 도움을 주기 위한 보조적 장치로 실제 상담 사례가 부분적으로 언급되지만, 비밀 보장

의 원칙을 지키기 위해 당사자의 동의를 얻거나 개인을 특정하기 어렵도록 정보와 상황을 모두 바꿔 재구성했습니다.

- 죽음의 방식과 사별 관계에 따른 애도 경험을 안내하기에 적절한 영화를 선정했습니다.
- 모든 죽음의 방식, 모든 사별 관계를 다 조망하지 못했습니다.

당부합니다.

- 마음이 향했던 누군가를 잃었다면 관계가 가깝지 않았더라도 애도하는 것이 마땅합니다.
- 그 사람을 위한 시간과 공간을 마련해 충분히 슬퍼해주세요. 사별 직후, 당장이 아니더라도 언젠가는 꼭이요. 차마 흘리지 못했던 눈물은 마음 한구석에 고여 있다가 다른 고통으로 돌아오곤 합니다.

이제, 상담실 문을 활짝 엽니다.

목차

슬픔이 서툰 사람들

엄마의 죽음을 아이에게 어떻게 이야기해야 할까요?

아내를 자살로 떠나보낸 어느 남편의 이야기

> *"왜 말 안 했어? 나도 엄마를 봤어. 어떤 상태였는지. 같이 살았잖아. 나도 알아. 나한테 말하기가 그렇게 어려워?"*
>
> – 영화 〈라우더 댄 밤즈〉 중에서

저는 고등학교 교사이자 두 아들의 아버지 진이라고 합니다. 제 아내 이사벨은 3년 전 57세의 나이로 우리 곁을 떠났습니다. 큰아들 조나는 전도유망한 사회학자이고 얼마 전 아버지가 되었습니다. 조나는 언제나 자기 앞가림을 잘하는 것 같아 크게 걱정이 되지 않습니다. 멀리 떨어져 있어 자주 보진 못하지만요.

15살 둘째 아들 콘래드는 저와 함께 삽니다. 같은 집에 있지만 저랑 콘래드는 대화를 거의 하지 않습니다. 정확히 말하자면, 콘래드가 저를 철저하게 거부하고 있습니다. 저는 다가가려고 애쓰지만, 콘래드와 저 사이에 큰 벽이 있는 것 같습니다. 아무리 두드려도 소리조차 들리지 않는 단단하고 두꺼운 벽이요. 콘래드는 집에 있을 때 방안에 틀어박혀 게임만 합니다. 문 밖에서 들어보면 몹시 폭력적인 게임인 것 같습니다. 수업 시간에는 멍하니 있고, 친구도 없어서 늘 혼자인 것처럼 보이고요. 사춘기라서 그럴 수도 있겠다 싶지만 뭔가 위태위태하다는 느낌이 듭니다. 어떤 표현도 하지 않으니 아들이 무슨 생각을 하고 지내는지 저는 정말 모르겠습니다. 얼마 전 아들과 대화를 하려고 했는데 저에게 '꺼지라!'고 하더군요. 너무 당황해서 저도 모르게 소리를 질렀습니다. 그랬더니 비닐봉지를 얼굴에 뒤집어쓰고 난리를 쳐서 깜짝 놀랐습니다. 선생님, 이런 게 자해 아닙니까? 아내가 죽고 나서 저는 제 나름대로 많이 노력했다고 생각했는데 아들의 저런 모습을 보고 있자니 너무 힘이 듭니다. 분명 아내의 죽음이 아들에게 어떤 영향을 끼친 것 같은데 도통 말을 하지 않으니 답답합니다.

아내의 죽음에 관해 말씀드려야겠군요. 이사벨은 유명한 종군 사진 기자였습니다. 위험한 분쟁 지역의 상황을 한 컷의 이미지로 정확하게 전달하는 일, 그 일을 아내는 사랑했고 자신의 소명처럼 생각했습니다. 곧 아내의 3주기가 다가옵니다. 언제 이렇게 시간이 흘렀는지 믿어지지 않습니다. 한 갤러리에서 아내의 사진 작업을 모아 3주기 추모 전시를 열겠다고 합니다. 아내와 함께 일했던 동료 리처드는 추모 칼럼을 쓰겠다고 하고요. 저도 그 사람들처럼 아내의 성취만 기릴 수 있다면 좋겠습니다.

얼마 전 추모 전시 준비 모임에 참석했는데 그 자리에서 리처드가 저에게 자신이 쓰는 칼럼에 '이사벨의 사인을 정확하게 쓰고 싶다'고 하더군요. 더 이상 피하지 않을 거고 이사벨도 그걸 원할 것이라고 덧붙이면서요. 틀린 말이 아닙니다. 저도 그렇게 생각합니다. 하지만 제 상황은 아내의 동료처럼 그렇게 간단하지 않습니다.

제 아내 이사벨은 스스로 목숨을 끊었습니다. 공식적인 사인은 교통사고로 보도됐지만 저와 큰아들 조나, 그리고 아내와 가까웠던 동료들은 모두 알고 있었습니다. 당시 12살이었던 콘래드만 빼고 말이죠. 당시 저와 조나는 엄마의 죽음에 관한 정확한 사실을 받아들이기에 콘래드가 너무 어리다고 생각했던 것 같습니다. 리처드의 칼럼이 나오기 전에 제가 먼저 콘래드에게 진실을 알려야 할 것 같은데 엄두가 나지 않습니다. 지금 상태도 안 좋은데 엄마가 어떻게 죽었는지 진실을 알고 나면 더 나빠지지 않을까요?

지난 3년 동안 아내의 죽음을 외면해왔습니다. 아내의 작업실도 치우지 않고 그대로 두었어요. 어린 콘래드를 돌보느라 정신없었고, 아내가 떠난 후 새롭게 사귄 연인이 아내의 빈자리를 채워주고 있으니 아내의 '죽음'을 진지하게 생각해볼 시간이 거의 없었던 것 같습니다.

선생님, 솔직히 말씀드리면 콘래드에게 아이 엄마의 죽음에 관해 어디서부터 무엇을 어떻게 얘기해야 할지, 어느 정도까지 얘기해야 할지 잘 모르겠습니다. 진실을 알려야 한다는 당위는 있지만 아들의 반응이 걱정됩니다. 지금보다 더 상태가 악화될 수도 있으니까요. 큰아들은 이제 와서 왜 그런 얘기를 하냐며 그만두라고 합니다. 큰아들의 만류도 솔직히 부담스러운 것이 사실입니다. 선생님! 저는 어떻게 하면 좋을까요?

라우더 댄 밤즈
Louder Than Bombs

2015. 프랑스·덴마크·노르웨이. 15세 이상 관람가. 드라마. 109분.

감독 요아킴 트리에르.
출연 제시 아이젠버그, 이자벨 위페르, 가브리엘 번, 데빈 드루이드 등.

상담실에서

우선 삼가 고인의 명복을 빕니다. 이사벨 사망 3주기 추모 전시 때문에 그동안 묻어두고 피해왔던 아내의 죽음에 관한 일들이 한번에 닥쳐오는 기분이실 듯합니다. 전시를 준비하려면, 이사벨이 떠났을 당시 모습 그대로 남아 있는 작업실도 정리하셔야겠군요. 동료 리처드가 추모 전시를 하겠다고 나서지 않았다면 아마 작업실 문은 한동안 열리지 않았을 것 같아요. 여러모로 지금 이 순간이 외면하고 피했던 모든 것과 마주해야 할 때인지도 모르겠습니다.

다행스러운 것은, 아들 콘래드가 신문 기사로 어머니의 죽음에 관한 진실을 접하기 전에 아버지를 통해 이야기를 들을 기회가 아직 남아 있다는 사실입니다. 진 선생님께서 여기까지 찾아오신 걸 보면, 이미 반쯤 혹은 그 이상 콘래드에게 이야기하는 쪽으로 결심이 싹트신 것 같아요. 오늘 저와 이야기를 나누면서 콘래드나 진 선생님 둘 모두에게, 그때 일을 현재로 가져올 수 있는 가장 덜 고통스러운 방법을 찾아보았으면 합니다.

무엇보다 이야기를 전하는 진 선생님의 마음속에 있는 두려움과 망설임도 함께 잦아들길 바랍니다. 진 선생님께서 아들 콘래드에게 "진실을 알려야 한다는 당위"가 있다고 말씀하신 걸 보면 그동안 마음 한구석에 커다란 짐을 떠안고 계셨을 것 같습니다. '아이가 좀 더 크면, 죽음을 이해할 만한 나이가 되면, 아이가 좀 더 안정이 되면' 등 콘래드의 상처를 최소화하기 위한 최적의 조건을 얼마나 많이 생각하셨을까요. 좌충우돌 방황하고 삐걱거리는 아들을 보면서 '지금도 이런데 엄마 죽음의 진실을 알면 더 나빠지지 않을까' 하는 불안도 올라왔을 테죠. 역시 아직은 때가 아니라고, 아들을 위해서는 얘기하지 않는 편이 옳다고 미룰 수밖에 없었을 겁니다. 좀처럼 용기를 내기 어려우셨을 것임을 깊이 공감합니다.

진 선생님의 고민은 어린 자녀를 둔 채 배우자를 자살로 떠나보낸 이들이 겪는 공통의 고민이기도 합니다. 죽음을 이야기해야 하는 많은 부모가 진 선생님과 비슷한 이유로 망설입니다. 하지만 안타깝게도 부모가 이쯤이면 충분하다고 느낄 만한 그때는 좀처럼 오지 않습니다.

어쩌면 적당한 때를 기다렸다고 말하는 분들은, 기다림을 핑계로 이미 눈앞에 선명하게 다가온 그 '때'를 외면하고 있었는지 모릅니다. 그렇게 한 해, 두 해가 지나가다 보면 진 선생님께서 기다리던 '적당한 때'가 무엇인지, 무슨 말을 하려 했는지도 희미해질 수 있습니다.

이사벨의 전시 기한 때문에 시간 압박으로 조금 더 부담스러웠을 듯합니다. 그러나 배수진을 칠 수 없는 지금이야말로 단절되었던 콘래드와 다시 연결될 수 있는 최적의 순간일지 모릅니다. 제가 최선을 다해 도와드리겠습니다.

이제 진 선생님께서는 콘래드에게 이사벨이 '스스로 목숨을 끊었다'는 사망 이유뿐 아니라 그때는 왜 숨길 수밖에 없었는지, 당시 콘래드를 제외한 나머지 가족과 주변 사람들이 엄마의 죽음에 관해 얼마나 알고 있었고 어떤 반응을 보였는지 진솔하게 말씀해주셔야 합니다. 충분하고 솔직하게, 정성을 다해 말이죠. 그리고 몇 년이 지난 이 시점에 새삼스럽게 이런 이야기를 꺼내게 된 이유도 알려주셔야 합니다. 저에게 말씀해주셨던 내용을 그대로 전해도 좋습니다. 선생님께서 겪었던 혼란과 걱정, 불안과 두려움의 감정도 숨김없이 털어놓으셔야 하고요.

어른들은 어린이나 청소년이 죽음을 제대로 이해할 수 없고 적절하게 애도할 수 없다고 생각하는 경향이 있습니다. 특히 '자살'이라는 사망의 방식은 감출 수만 있다면 끝까지 숨기고 싶어 합니다. 때로는 어린 자녀들이 죽음의 진실을 알았을 때, 혹시라도 예상치 못한 반응을 보일까 봐 지레 겁을 먹고 입을 닫기도 하죠. '지금 나도 이렇게 엉망인데 아이의 고통까지 감당하기는 어렵다'고 생각하는 경우도 많습니다.

진 선생님뿐 아니라 다른 많은 자살 사별자들이 비슷한 선택을 하며, 그것이 아이를 위한 최선이라 '믿고' 싶어 합니다. 그래서 고인의 죽음을 사고사나 병사로 알리기도 하죠. 하지만 진 선생님. 어른도 그렇지만 어린이와 청소년은 특히 더 '거짓'에 민감합니다. 함께 겪은 일에 관해 거짓이 느껴진다면 진실 찾기에 더 몰두합니다. 그 결과 알아낸 진실이 어른이 말해준 것, 내가 아는 것과 다르면 거짓말을 한 어른에게 배신감을 비롯한 아주 복잡한 감정을 느낄 수 있습니다.

아내 이사벨이 사망 전 상당히 긴 기간 동안 고통스러운 시간을 보냈었다는 것을 진 선생님이 알았듯, 콘래드도 엄마의 상태를 알고 있었습니다. 같은 공간과 시간에 콘래드도 함께 있었으니까요. 어른들은 자주 그 사실을 잊는 것 같습니다. 콘래드는 어쩌면 엄마의 죽음에 관해, 그리고 엄마의 삶에 관해 진 선생님과 이야기 나누고 싶었을지도 모릅니다. 엄마가 어떻게 죽었는지 그 사실 자체보다 콘래드 곁에서 갑자기 사라져버린 엄마 이사벨에 관해 어떤 대화라도 나누고 싶었을 수 있습니다.

정확히 기억나지 않으시겠지만, 시간을 되돌려 그때를 떠올려보세요. 진 선생님께 마냥 어렸던 콘래드의 존재가 어떻게 느껴졌나요? 엄마 없이 커야 하는 아들들에 대한 걱정과 불안, 그에 따른 막중한 책임감이 동반되었을 겁니다. 그리고 그 때문에 아내를 잃은 남편으로서 충분히 애도하지 못했을 수도 있습니다. 자식 앞에서 슬픈 감정을 드러내지 않으려고 애쓰셨을 테고요. 아무 일도 일어나지 않았던 것처럼 의연한 아버지의 모습을 보이는 것이 콘래드를 위한 길이라 생각하셨을 수도 있습니다. 따라서 콘래드가 가장 알고 싶고, 나누고 싶은 엄마 이야기는 피할 수밖에 없었겠지요. 죽은 배우자의 이야기를 자식과 기꺼이 얘기할 수 있는 부모는 많지 않습니다. 이런 진 선생님의 마음을 자식인 콘래드가 제대로 알기는 어렵습니다. 그러다 보니, 엄마의 이야기는 쏙 빼고 마치 아무 일도 없었던 것처럼, 괜찮은 척 살아가는 아버지의 모습이 오히려 콘래드를 방황하게 만들었을지도 모릅니다.

어린이와 청소년은 가족의 자살 이후 어른들의 태도와 반응에 아주 예민합니다. 그래서 눈치껏 자기의 입장을 정하죠. '아! 이건 절대 꺼내서는 안 되는 이야기구나' 싶으면 입을 닫습니다. 점차 마음의 문까지 닫게 되죠. 따라서 자살 사망 발생 후 고인의 죽음을 알 필요가 있는 사람들에게는 너무 늦지 않은 시기에 정확하게 진실을 전해야 합니다. 특히 가족 중에 누구는 사실을 알고, 누구는 모르는 상황을 만들지 말아야 합니다. 숨기는 사람은 숨기는 대로 비밀의 무게에 눌리고, 제대로 알지 못하는 사람은 알지 못하는 대로 진실의 빈자리에서 방황합니다. 그래서 결국, 누구도 온전한 애도 과정을 겪기 어렵습니다.

그렇다면 어떻게 알려야 할까요? 아이들에게 어느 수준까지 구체적이고 세세하게 알려줘야 하는지 결정하는 것은 결코 쉽지 않습니다. 그러나 분명한 것은 진실하게, 있는 그대로 말해야 한다는 점입니다. 있는 그대로 말해야 한다고 해서 죽음 당시의 세부 정황을 생생하게 묘

사해야 한다는 의미는 아닙니다. 아이가 그 장면을 상상하고 반복적으로 떠올리며 고통스러워하는 일은 피해야 하니까요. 자살의 방법과 관련된 질문에 대답을 할 때는 사실대로 말하되, 감정은 최소한으로 하고 말하는 것이 좋습니다. 죽음에 관한 아이들의 질문을 막지 마세요. 아이들은 그 나이에 맞게 죽음을 이해할 수 있고, 그 나이에 맞는 애도 과정을 겪어낼 수 있습니다. 어떤 면에서는 어른보다 훨씬 더 유연하게 상황을 받아들입니다. 아이들 앞에서 슬픔을 드러내는 것을 주저하지 마세요. 어른이 온전히 슬퍼하는 모습을 보여주는 일은, 오히려 아이들에게 '슬퍼해도 괜찮다'라는 신호가 됩니다.

진 선생님, 콘래드를 불안하게 지켜보며 노심초사했던 마음의 에너지를 이제는 콘래드와 함께 이사벨 이야기를 하며 기억하는 쪽으로 방향을 바꾸어 써보시면 좋겠습니다.

애도 강의실

어린 자녀에게 자살이라는 죽음의 방식을 전하는 법

가족의 자살 이후 남겨진 분들을 위한 애도 교육을 할 때, '발달적으로 적절한 방식으로 아동이나 청소년에게 그 사람이 어떻게 죽었는지 진실을 알도록 하는 것이 중요하다'고 얘기합니다. 그러나 자연스럽고 담담한 태도로 '너의 아버지(어머니)가 스스로 목숨을 끊었단다'라고 아이에게 말할 수 있는 어른은 거의 없을 겁니다.

아동, 청소년에게 '죽음의 방식'을 설명해야 한다는 말은 사인이 자살이냐, 아니냐를 마치 OX 퀴즈처럼 이야기해줘야 한다는 의미가 아닙니다. 어떤 자살 사망의 경우 도저히 그 죽음을 은폐하기 힘든 경우도 많습니다. 너무 가슴 아프게도 미성년인 자녀가 직·간접적인 목격자가 되는 사례가 대표적입니다.

한 청소년은 부모의 죽음이 '교통사고' 때문이라고 알고 장례식에 참석했다가 조문객이 수군대는 이야기를 듣고 자살로 돌아가셨다는 사실을 알게 되었다고 했습니다.

그러나 내색할 수 없었다고 했어요. 그 이후로 한참 동안 말이죠.

여기까지 이야기를 듣고 이런 질문이 떠오를 수도 있습니다. "그렇다면, 상황을 인지하자마자 아이들을 불러 놓고 '네 엄마(아빠)가 스스로 목숨을 끊었어'라고 말해야 한다는 것입니까? 그게 가능합니까?" 맞아요. 정말 어렵습니다. 자살이라는 죽음은 아무런 준비 없이 갑작스럽게 일어난 충격적인 사건이므로 어른들 역시 '알 수 없음'의 황당함 속에 긴 시간 허우적거리게 마련입니다. 도저히 이해할 수도, 납득할 수도 없는 일을 어린 자녀에게 설명한다는 것 자체가 무척 어려운 일이죠. 이 지점이 자살로 인한 사별과 그렇지 않은 사별의 차이점이기도 합니다. '죽음' 그 자체로 인해 겪는 심리적 어려움뿐 아니라 그 사람과의 관계에서 느꼈던 각종 부정적인 감정들이 한꺼번에 폭풍처럼 몰려오기 때문에 건조하게 '사실'만 전달하는 일은 불가능에 가까울지도 모르겠습니다.

여전히 안전하다는 느낌을 주는 어른

이런 분이 있었습니다. 이혼을 생각할 정도로 평소 남편과 사이가 좋지 않았던 분이었는데, 남편을 자살로 잃었습니다. 그 부인은 남편의 죽음을 당시 중학생이었던 아들에게 은폐하지 않았습니다. 온 동네가 다 알 수밖에 없는 죽음이었기에 그럴 수도 없는 상황이었죠. 하지만 일 년 넘게 아들이 아빠의 죽음을 어떻게 받아들이고 있는지 한마디도 묻지 않았고 그에 관한 대화를 시도하지도 않았습니다. 다만 반복적으로 남편을 향해 원망을 쏟아냈습니다. '무책임한 인간', '이기적인 인간' 식으로 말이죠. 아들은 아빠가 자신에게는 꽤 괜찮은 사람이었으며, 보고 싶고 그립다는 말을 할 수 없었습니다. 아들에게 남은 유일한 보호자는 엄마였고, 그런 엄마의 감정을 거스를 수 없었으니까요. 그렇게 아들은 입을 닫아버렸습니다.

이 년쯤 시간이 흘러 남편의 죽음을 조금씩 받아들이고, 죽음으로 달려갈 수밖에 없었던 고통을 이해하기 시작할 무렵 부인은 아들이 생각이 궁금해졌습니다. '나는 그랬지만 내 아들은 어땠을까?' 그제야 아들과 남편의 죽음에 관해 이야기할 수 있었습니다. "엄마는 그때 어찌해야 할 줄 몰랐어. 그냥 너랑 어떻게든 살아야겠다는 생각뿐이었어. 엄마 감정이 너무 고통스러워서 너랑 얘기할 수가 없었어." 비로소 엄마는 아들도 아버지를 잃은 사별자라는 사실을 깨닫고는 함께 상담실을 찾았고, 아들의 기억 속에 있는 아빠에 대해 이야기를 한참 나눴습니다. 상담을 마치고 아들이 이렇게 말했습니다. "엄마랑 아빠 얘기를 정말 하고 싶었는데, 이제라도 할 수 있어서 다행이에요."

제가 여러분께 전하고 싶은 말씀은 이겁니다. 어른들은 대개 이 끔찍한 죽음이 아이에게 가져올 최악의 영향을 가정하고 아이를 보호해야 한다는 생각에 진실을 은폐하려고 합니다. 하지만 '보호해야 한다'는 명분 아래, 어른 스스로 감당하기 힘든 어떤 감정들이 아이와 그 사실을 공유하는 일을 막아서는 것은 아닌지 탐색해봐야 합니다. '죽음의 이유를 나에게 돌려 원망하고 미워하면 어떡하나. 그래서 아이마저 나를 버리면 어쩌나' 하는 불안감 같은 것들이요.

정반대도 있습니다. '아이에게 그 사람에 대한 좋은 기억만 남겨주고 싶어요. 부모 중 한 명이 자살했다면 앞으로의 삶이 얼마나 힘들겠어요. 저희 아이는 끝까지 몰라야 합니다' 같은 생각들 말이죠. 여기서 놓치고 있는 것이 있습니다. 영화 속 콘래드가 이렇게 말했죠. "저도 같이 살고 있었어요." 아이도 가족 구성원으로서 당신과 함께 그 시간과 공간 속에 있었다는 것을 우리는 쉽게 잊습니다. 아이도 보고, 듣고, 느끼며 그곳에 있었습니다. 그렇기 때문에 남겨진 부모를 백 퍼센트 원망하는 일은 쉽게 일어나지 않습니다. 또 떠난 이를 아무리 긍정적으로 포장한다고 해도 완벽하게 좋은 사람이라고 생각하지 않습니다. 때로는 어른이 보지 못하는 것을 보고, 듣지 못하는 것을 들으며 자기만의 생각과 느낌으로 상황을 해석합니다. 아이에게도 아이의 세상이 존재하는 것이지요.

우리가 해야 할 일은 아이가 보고, 듣고, 느꼈던 것을 궁금해하고 질문을 던져 그 속내를 이야기할 기회를 주는 것입니다. 아이에게 필요한 것은 죽음의 정확한 이유를 감추느라 전전긍긍 불안해하는 어른이 아니라 상실을 겪은 아이를 지지하고 그럼에도 불구하고 여전히 안전하다는 느낌을 주는 어른이니까요.

앞서 '이제라도 얘기할 수 있어 다행'이라고 했던 그 아들이 군 입대 후 첫 번째 어버이날 쓴 편지를, 허락을 받아 소개합니다.

"아빠, 잘 지내고 계신가요? 돌아가신 지 이제 7년이 다 되어가네요. 시간이 참 빠른 것 같습니다. 가끔 아직도 살아 계시면 어떨까 하는 생각이 들지만 부질없다고 생각해서 금방 지워버리는 것 같아요. 아빠는 제가 보고 싶은지 궁금해요. 사랑하긴 했던 것 같은데 우리 모두 미숙한 나머지 좋지 않은 가정이 되었던 것 같습니다. 지금 생각하면 아빠의 그런 미숙함도 좋았던 것 같아요. 아빠가 돌아가실 당시, 저는 절대 자살도 하지 않고 가정에 헌신하는 좋은 아버지가 되겠다는 다짐을 했던 걸 떠올렸어요. 왜 먼저 가셨어요? 왜 그런 선택을 하셨을까요? 저는 아직 너무 미숙해서 아빠가 원망스럽고 집이 싫어졌습니다.

가끔 '나는 저주받은 인생을 산다'고 생각해요. 하지만 저는 그렇게 생각하는 제 모습이 또 싫어집니다. 아빠의 빈자리가 큽니다.

아빠가 좀 더 오래 살았더라면 저에게 더 나은 모습을 보여주고, 더 좋은 말을 해줄 수 있었겠죠?

사랑하고 싫기도 한 우리 아빠!

그곳에서는 잘 지내세요.

우리 모두 그럭저럭 여전합니다. 아무 탈 없이 지낼 수 있게 그곳에서 아빠가 우리를 좀 도와주세요. 아빠가 살아 있는 동안 웃는 얼굴을 많이 못 본 것 같아요. 그곳에서는 웃으며 사셨으면 좋겠어요.

- 당신의 아들이

눈물이 나지 않아요. 제가 비정상인가요?

외상적 사별 그 직후

> *"전에 못 보던 것들이 자꾸 눈에 띄기 시작해요.*
> *어쩌면, 보긴 봤는데 무심하게 본 거겠죠.*
> *왠지 모르겠지만, 모든 게 은유가 됐네요. 은유. 난 뿌리 뽑힌 나무.*
> *난 나무를 뿌리 뽑은 폭풍. 난 저기압과 충돌한 한랭전선."*
>
> – 영화 〈데몰리션〉 중에서

저는 얼마 전 교통사고로 아내 캐런을 잃은 데이비스입니다. 그냥 평범한 출근길이었어요. 캐런은 운전을 하면서 잔소리를 했죠. 냉장고에 물이 새는데 고쳤냐, 어쨌냐. 저는 듣는 둥 마는 둥 넘겼습니다. 전 날도 그랬고 그날도 전과 다르지 않은 출근길이었어요. 그러다 쾅. 그 다음은 기억이 잘 나지 않습니다. 무슨 일이 있었는지.

병원 응급실에서 아내는 사망했고 저는 가벼운 부상을 입었지만 멀쩡했습니다. 사고 당시 상황은 제 머릿속에서 뒤죽박죽 엉망으로 남아 있습니다. 정신을 차려보니 저는 병원 복도에 앉아 있었어요. 소식을 듣고 달려온 장인어른과 장모님의 절규가 잠깐 들렸고 바쁘게 움직이는 병원 직원들 모습, 처참한 상태의 응급실이 눈앞에 펼쳐진 기억이 납니다. 찰칵찰칵 셔터를 눌러 찍은 것 같은 이미지나 소리 들만 있을 뿐 뭐가 어떻게 돌아가고 있는지에 대한 감각이 없습니다. 거기에 제가 있었지만 마치 없었던 것 같습니다. 그날 이후로 제 감각들은 미쳐 날뜁니다. 뭔가를 느껴야 하는 순간에는 느끼지 못하고 다른 사람들은 별 느낌이 없는 때에 엄청나게 뭔가를 느낍니다. 마구 밀려와요. 지금도 그렇습니다.

제가 드리는 말씀이 이해가 가세요? 지금도 제가 엉망진창으로 말하고 있는 것 같아 계속 불편합니다.

차라리 구체적인 일화를 말씀드리는 편이 낫겠네요. 예를 들어 '자동판매기' 사건 같은 거요. 아내가 죽은 샌 안드레아스 병원의 714번 자판기 앞에서 있었던 일 말입니다.

아내가 영안실로 옮겨지고, 병원 복도를 걷는데 자판기가 눈에 띄었습니다. 동전을 넣고 노란색 M&M's 땅콩 초콜릿이 있는 B2 버튼을 눌렀는데 초콜릿이 철컥 기계에 걸렸습니다. 병원 직원한테 물어보니 그 기계는 가끔 그럴 때가 있다면서 대수롭지 않게 듣고 넘기더군요. 열쇠를 달라고 하니 자판기 회사 거라며 병원에서 보관하고 있는 열쇠가 없다는 답변이 돌아왔습니다. 배가 고팠던 걸까요? 갑자기 짜증이 치밀어 올랐습니다. 25센트 동전 5개를 삼켜버리고 초콜릿을 뱉어내지 않다니요! 바로 10분 전 아내가 죽은 것보다 망할 놈의 M&M's 땅콩 초콜릿을 먹지 못한 일이 더 억울하고 화가 났습니다. 마치 누군가가 저를 보고 있다가 보란 듯이 엿을 먹이는 것 같은 기분이었습니다. 상상이 가시나요? 방금 전 아내를 눈앞에서 잃은 남편이 겨우 초콜릿 하나 때문에 난동을 피우는 부리는 모습 말입니다.

그런데요. 선생님. 지금 이 순간에도 죽어가는 아내를 바라보며 느꼈던 감정은 아무리 애써도 잘 떠오르지 않습니다. 그런데 자판기 앞에서 느꼈던 감정만은 유난히 생생하게 되살아납니다. 미처 날뛰었던 감정이요.

집에 가서 냉장고 문을 열려고 하는데 아내가 써놓은 메모가 눈에 들어왔습니다. '냉장고에 물이 새니까 고쳐줘.' 왜 저는 그동안 이 메모를 보지 못했을까요? 메모는 얼마나 오랫동안 거기에 붙어 있었을까요. 자동응답기 전화에 녹음해 놓은 아내의 목소리가 들립니다. 아내는 죽었는데 아내의 목소리가 집안 가득 흘러나옵니다. 어디서 아내의 사고 소식을 들었는지 처음 보는 이웃들이 집 앞에 꽃과 음식을 가져다두었습니다. 저는 인사 한번 제대로 나눈 기억이 없는 사람들인데 아내는 이웃들과 친하게 지냈나 봅니다. 이 꽃과 음식은 아내를 향한 것이겠죠. 혹시 저를 위로하기 위한 것일까요? 그런데 저 사람들은 저를 모르잖아요.

선생님. 냉장고에 붙은 아내의 손 글씨를 봐도, 죽은 아내 목소리가 공간 가득 울려도, 이웃들이 '아내가 죽었으니 얼마나 힘들겠어요'라고 해도 저는 아무렇지 않았습니다. 사람들이 제 상태에 관해 무엇을 상상하는지는 잘 모르겠지만 제 생각에 그들의 상상보다 괜찮다는 것만은 확실합니다.

아내 장례식에 많은 사람이 왔어요. 모두들 무척 슬퍼했습니다. 그 사람들을 멀리서 관찰했어요. 저렇게 슬퍼야 하는데 저는 슬프지 않았습니다. 슬퍼한다는 게 무엇인지 잘 모르겠지만 눈물이 흐르는 것이 슬픔의 증거라면 말이죠. 그런 저를 이상하게 볼까 봐 화장실에서 인상을 찌푸리며 울음을 쥐어 짜내려 했는데 한 방울의 눈물도 나오지 않았습니다.

장례식이 끝난 다음 날 바로 출근했습니다. 왜냐하

면, 전 괜찮았으니까요. 그냥 제 일을 하고 싶었어요. 고객들의 어마어마한 돈을 굴리는 금융회사 직원으로서 맡은 일을 해야 했습니다. 이렇게 말씀드리니까 제가 이 일에 대단한 책임감이 있는 것처럼 보이겠네요. 솔직히 꼭 그런 건 아닙니다. 그냥 평소와 같은 시간에 눈이 떠졌고, 그래서 출근했습니다. 늘 하던 대로요. 저는 괜찮았는데 저를 본 직장 동료들의 당황하는 기색이 느껴졌습니다. 제 사무실 비서는 저도 흘리지 않는 눈물을 흘리더군요. 남편인 저보다 아내의 죽음을 슬퍼하는 사람들이 참 많은 것 같습니다. 이쯤 되니 사람들의 기대를 충족시키기 위해 슬퍼하는 척이라도 해야 할까 싶기도 했습니다.

그러다 통근 기차에서 자주 만나는 어떤 남자에게 제 상태를 고백해버리고 말았습니다. 친한 사이는 아닙니다. 그저 출근 시간대가 겹쳐 눈인사를 나누는 그런 사이 정도였죠. 맥락 없이 제가 떠들었습니다. 나는 아내를 사랑하지 않았고, 그래서 아내가 죽었는데도 슬프지 않은 것 같다고요. 그랬더니 그 남자 물었습니다. “그럼 어떤가요?” 사실 별것 아닌, 흔하게 물어볼 수 있는 질문인데 제 마음속에 갑자기 비상경보가 울려 퍼지더니 정신이 아득할 정도의 충격이 밀려왔습니다.

모르겠어요. 제 마음을. 제가 어떤 걸까요? 많은 사별자들을 만나셨다고 하니 제 상태를 진단해주셨으면 합니다. 제가 너무 중언부언 떠든 것 같습니다. 제 질문을 요약해드리죠. 첫째, 남들이 이상하게 보지 않을 만큼 슬퍼할 수 있는 방법을 알고 싶습니다. 둘째, 제 상태가 정상인 건지 궁금합니다. 끝으로 선생님의 판단을 돕기 위해 추가적으로 증상을 말씀드릴게요. 아내가 살아 있을 때는 보이지 않았던 것들이 보입니다. 제가 몰랐던 어떤 것들이 그 안에 있는 기분이라 다 뜯어보고 싶은 충동이 듭니다. 이건 약간 좀 심각한 상황인데요. 회사 화장실 문을 부수고, 컴퓨터와 커피 머신을 다 분해해버렸습니다. 제가 회사를 쉬게 된 직접적인 이유도 이 때문이죠. 제가 뭘 어떻게 하면 좋을까요? 답변을 기다리겠습니다.

데몰리션
Demolition

2015. 미국. 청소년 관람 불가. 드라마. 100분.

감독 장 마크 발레.
출연 제이크 질렌할, 나오미 왓츠 등.

상담실에서

데이비스 씨, 제가 데이비스 씨의 상황을 정확히 이해해줬으면 하는 바람이 글 곳곳에서 느껴집니다. 데이비스 씨는 현재 자신의 모습이 '직접 경험이 하지 않는다면 도저히 이해할 수 없을 상태'라고 생각하는 듯 보입니다. 어쩌면 스스로에게도 낯선 이 상황을 설명하는 일이 가능할지 회의감을 느끼기 때문일 수도 있겠습니다. 데이비스 씨와 비슷한 어려움으로 상담실에 오시는 다른 많은 분들도 그렇습니다. 당장 너무 힘드니까 전문가를 찾아오긴 하지만 평화로워 보이는 얼굴로 자신을 맞이하는 상담자가 눈앞에서 죽음을 목도한 나의 고통을 가늠이나 할 수 있을까, 내 상황을 온전히 이해할 수는 있을까 하는 의심을 품고 있는 경우가 많습니다.

그 마음 역시 당연합니다. 데이비스 씨가 알고 있던, 나와 세상과 사람들에 대한 생각과 믿음은 거대한 트럭이 아내의 목숨을 앗아간 그 순간 함께 산산이 부서져버렸거든요. 그렇기 때문에 매 순간 '이게 맞을까?' 하는 의심과 회의가 드는 것은 자연스러운 일입니다.

비슷한 맥락에서 데이비스 씨가 말씀하신 '이전에 보이지 않던 것들이 보인다'라는 말씀도 저는 이해할 수 있습니다. 매일 같은 시간에 일어나서 운동을 하고, 씻고, 통근 기차를 타고 직장에 출근해 늘 만나는 동료와 업무를 하고, 퇴근을 하던 일상이었잖아요. '내가 무엇을 하고 있다'라는 의식 없이 자동적으로 굴러간 시간들이었을 겁니다. 하지만 이제 습관처럼 할 수 없게 되어버린 거죠. 과속방지턱이 연속으로 촘촘하게 놓여 있는 도로를 운전하는 것처럼 매 순간 턱턱 막히는 기분일 겁니다. 갑작스러운 아내의 죽음이 가져온 변화입니다. 이전에는 무신경했던 소리나 장면, 아무 느낌 없이 지나치던 것들이 자꾸 마음에 걸리고, 주의를 사로잡습니다. 교통사고라는 트라우마가 불러일으킨 과각성 증상으로 설명할 수도 있습니다. 들리지 않던 것이 들리고, 보이지 않던 것이 보입니다. 아무 느낌 없던 대상을 느끼고, 생각하게 만들었어요. 예전과 아주 다른 방식으로 말입니다. 낯선 감각이 열리는 이 상황이 당황스럽고 때로는 혼란스러우실 수 있습니다.

데이비스 씨가 얘기했던 자판기 사건으로 예를 들어

보겠습니다. 돈을 넣고 버튼을 누르면 당연히 나와야 할 초콜릿처럼 의식하지 않은 채 흘러가던 데이비스 삶이 정지해버린 겁니다. 삶이라는 자판기가 고장 난 셈이죠. 버튼을 여러 번 다시 눌러 보고 기계를 두드려도 고쳐지지 않는다면, 열쇠로 기계를 열어 꼼꼼히 살펴봐야겠죠. 데이비스 씨가 뭔가를 자꾸 분해하고 부수고 싶은 충동이 들어 실제로 그렇게 해보는 것은 이런 마음속 충동을 행동으로 응답한 것일 수 있습니다. 물론 분해해서 그 안을 살펴봐야 할 것은 냉장고도, 자판기도, 컴퓨터도 아니라 바로 데이비스 씨 마음일 겁니다.

나는 아내를 사랑했을까? 아내는 나에게 어떤 존재였나? 내가 잃어버린 것은 무엇인가? 아내에게 나는 좋은 남편이었을까? 아내가 살아 있을 때는 굳이 생각할 필요조차 없었던 질문들이 밀려와 압도된 데이비스 씨는 지금 잠시 '멈춤' 상태입니다. 그래서 현재 본인의 상태가 정상인지 아닌지 하는 두 번째 질문에 답을 먼저 해드리자면 데이비스 씨는 정상입니다. 멈춤 상태에서 숨 고르기를 하셔야 합니다. 앞으로 헤쳐 나가야 할 애도의 여정은 멀고, 길거든요. 따라서 사별 직후 모든 것을 한꺼번에 이해하려고 전력질주하지 않으셨으면 좋겠습니다. 애도는 전력질주로 스치듯 빠져 나오기보다 멈춰 쉬었다, 걸었다를 반복하는 여정이어야 합니다.

첫 번째 질문으로 다시 돌아가 보겠습니다. 데이비스 씨는 남들이 이상하게 생각하지 않을 만큼 아내의 죽음을 슬퍼하고 싶다고 하셨죠? 즉 아내를 잃은 '남편답게' 사람들이 '기대하는' 대로요. 다른 측면에서 보자면, 데이비스 씨는 지금 스스로를 '아내의 죽음을 전혀 슬퍼하지 않는 남편의 모습'이라고 규정하고 있고, '주변 사람들이 바라는 기대를 충족시키지 못하고 있다'고 평가하는 것 같습니다. '아내의 죽음이 슬프지 않다, 고로 나는 아내를 사랑하지 않았다'고 성급하게 결론짓고 있는 거죠. 만약, 말씀처럼 슬프지 않다면 데이비스 씨의 감정은 어떻습니까? 기차에서 만난 낯선 남성의 질문을 받고 충격을 받으셨다고 했습니다. "그럼 (지금 당신은) 어떤가요?" 바로 이 질문이요. 왜 이 질문이 데이비스 씨에게 비상경보가 켜지는 '응급 상황'으로 다가왔을까요? 우리가 생각해봐야 할 지점은 바로 여기에 있는 것 같습니다.

사람들은 무엇인가를 상실하면 그 상실에 따르는 당연한 감정으로 '슬픔'을 떠올립니다. 잃어버린 것에 슬픔을 느끼는 일을 지극히 자연스럽게 받아들입니다. 그런 면에서 데이비스 씨는 가장 슬퍼해야 마땅한 '사랑하는 사람의 죽음'을 겪었는데 슬픔은커녕 아무것도 느끼지 못해 당황스러우신 것 같습니다. 그러나 어떤 죽음은 너무 강렬해서 우리가 당연하게 여기는 슬픔을, 느끼지 못하도록 만들기도 합니다. 그런 죽음을 겪은 이에게 상실 이후의 '슬픔'이란, 굽이굽이 먼 길을 지나 곳곳에 숨겨진 장해물을 헤친 끝에 겨우 마주할 수 있는 감정입니다.

지금 데이비스 씨는 상실에 따르는 순수한 감정인 '슬픔'에 닿기 전 혼란과 공포의 가시덤불 속에 있는 것 같습니다. 슬퍼하지 못한다고 자책하지 마세요. 지금 데이비스 씨는 슬픔에 젖어 있을 수 없는 '때'일지도 모릅니다.

'외상적 사별traumatic bereavement'을 겪은 경우 특히 더 그렇습니다. 예기치 않은 갑작스러운 죽음으로 인한 사별, 막을 수 있었다고 생각한 죽음으로 인한 사별, 폭력이나 범죄로 인한 사별, 부당하고 부정하게 맞이한 죽음으로 인한 사별, 사별자 역시 고인과 함께 생명의 위협을 받았던 사별 모두 외상적 사별에 포함됩니다. 캐런의 죽음은 갑작스러웠고, 아내와 함께 그 현장에 있던 데이비스 씨 역시 하마터면 죽을 뻔했습니다. 아내가 아니라 데이비스 씨가 사망할 수도 있는 상황이었죠. 이런 외상적 사별을 경험한 사별자들은 죽음이라는 사건 자체를 나에게 일어난 일로 받아들이는 데 상당히 오랜 시간이 걸립니다. 좀 더 쉽게 말하자면, 꿈이나 환상이 아니라 현실에서 '내가 죽을 뻔한 사건을 겪었다'고 인정하게 되기까지 시간이 걸린다는 의미입니다.

그 사실을 받아들이기 전까지 차마 감당할 수 없을 것 같고 무너져버릴 것 같은 혼란감으로부터 자신을 보호하기 위해 '아무것도 못 느끼는 방식'을 택하기도 합니다. 이는 트라우마를 겪은 사람이 사용하는 흔한 방어기제 중 하나입니다. 10분 전 확인한 아내의 죽음보다 자판기에서 나오지 않은 초콜릿 때문에 화가 나는 것, 장례식장에서 눈물 한 방울 나지 않는 것, 그냥 출근해서 일하는 편이 더 낫다고 느끼는 것 등 데이비스 씨가 얘기한 모든 것이 아직은 선뜻 이해하거나 직면하기 어려운 충격적인 아내의 죽음으로부터 스스로를 잠시 보호하는 역할을 하고 있는 셈입니다. 그래서 결론부터 말씀드리자면 외상적 사별을 겪은 데이비스 씨가 보이는 반응은 지극히 정상적인 것입니다. 이런 반응을 보이는 기간은 사람에 따라 차이가 있지만 꽤 오래가기도 합니다.

그렇다면 데이비스 씨가 원하는 '슬픔'을 느끼기 위해서 무엇을 해야 할까요? 어떻게 하면 아무것도 느끼지 못하는 상황에서 벗어날 수 있을까요?

우선 아무것도 할 수 없는 '멈춤' 상태에 놓여 있음을 인정하고 충분한 시간 동안 거기에 머물러야 합니다. 아무리 발버둥쳐봐야 해결할 방법은 없습니다. 발버둥칠수록 점점 더 고통의 늪에 빠져들기 마련입니다. 데이비스 씨 스스로 자신을 평가하고 규정하는 가혹한 채찍을 내려놓고 갑작스럽게 아내를 잃은 한 남자에게 가여운 연민의 마음을 가져주세요.

그다음에 누군가와 함께 데이비스 씨가 겪었던 그날의 일을 차분히 복기해보면 좋겠습니다. 그 일을 도와주는 것이 정신건강 전문가라면 더욱 좋겠지만 전문가가 아니라도 괜찮습니다. 다만 데이비스 씨와 아내를 너무 잘 알아서 데이비스 씨가 하는 말을 평가하거나 방해할 만한 사람이 아니라면 좋겠습니다. 사려 깊지 않은 섣부른 위로를 건네는 사람도 아니면 좋겠어요. 그날과 그날 이후 데이비스 씨가 겪은 일을 소상히 나눌 수 있는 사람이면 됩니다. 이런 과정이 데이비스 씨가 마주하기 힘든 마음속 깊은 곳을 '낱낱이 분해해보는 것'일 수 있습니다.

이해할 수 없는 상황을 받아들이고 '이야기'를 만들어 가려는 노력은 외상적 사별의 애도 과정에서 꼭 필요합니다. 쉽지 않은 일임을 미리 말씀드립니다. 용기가 필요한 일입니다. 또한 이 모든 과정을 '혼자' 하기란 불가능에 가깝습니다. 고통은 혼자 겪을 수 있지만, 회복은 홀로 해낼 수 없거든요. 데이비스 씨가 안전하다고 느끼는 누군가가 필요합니다. 어서 상실을 극복하라고 압박을 가하지도, 마냥 슬픈 눈빛으로 위로를 보내지도 않는 사람이어야 합니다. 데이비스 씨가 하는 모든 이야기를 있는 그대로 지치지 않고 들어줄 사람 말이죠. 데이비스 씨, 주변에 이야기를 들어줄 누군가를 찾으셨으면 좋겠습니다.

장례식장에서 데이비스 씨가 자판기 회사에 항의하는 편지를 쓸 때, 자판기와 상관없어 보이는 이야기를 적으셨습니다. 그리고 적다 보니 결국 아내의 죽음을 맞이한 전후 상황을 상세히 풀어내는 데까지 이르렀습니다. 어쩌면 완전히 낯선 이에게 편지를 쓰는 일이, 데이비스 씨에게는 솔직한 마음을 표현하기에 좋은 계기가 되었던 것 같습니다. 성취와 평판, 스스로에게 부과된 사회적 기대가 높다고 느끼는 사람일수록 상실의 경험을 드러내는 일을 불편해합니다. 그 자체가 '나약함'을 드러내는 일처럼 느껴지거든요. 그리고 여성보다는 남성이 조금 더 그런 경향을 보입니다.

편지를 주고받은 자판기 회사 직원은 데이비스 씨의 이야기를 아무 편견 없이 귀 기울여 들어주었을 뿐 아니라, 놓치고 있거나 보지 못한 것들에도 순수한 호기심을 보여주었습니다. 그 직원은 데이비스 씨에겐 완전히 낯선 사람이지만, 누군가가 겪은 아픈 상처를 마주한 뒤 인간으로서 할 수 있는 보편적인 위로와 공감어린 질문을 건넨 것이죠. 바로 그 점이 데이비스 씨가 온전한 애도의 길로 향하도록 용기를 북돋운 것 같습니다. 그 직원과 연습했던 '고통 나누기'를 이제 데이비스 씨 주변 사람들과 시도해보면 좋겠습니다. 데이비스 씨 곁에는 분명 데이비스 씨가 무언가 말해주기를 기다리는, 그 말을 듣고 적절한 위로를 전할 준비가 되어 있는 사람들이 있을 테니까요. 이런 경험은 분명 예전에는 몰랐던 새로운 세계로 데이비스 씨를 초대할 겁니다.

'전에 못 보던 것들이 눈에 띈다'고 하셨죠. 충격적인 경험은 세상을 감각하는 방식을 바꾸기도 합니다. 매일 만나는 세계를 다시 보게 만들고 무심코 지나쳤던 사소한 일상이 새삼 압도적으로 다가오기도 하죠. '모든 것이 은

유가 되었다'는 데이비스 씨의 말이 아마도 그런 새로운 감각을 가장 정확하게 표현한 것 아닐까 싶습니다. 감각을 통해 들어오는 모든 정보가 죽음이나 상실, 운명에 대한 어떤 상징을 품고 있는 듯 느껴지는 것이지요. 남겨진 우리가 해야 할 일은 그 은유가 무엇을 뜻하는지, 우리를 어디로 이끄는지 선별하고 탐색하는 것 아닐까요?

아내의 죽음이 데이비스 씨의 세상에 균열 낸 틈을 외면하지 말아주세요. 그 틈 너머에 평온하게 슬픔을 맞이할 공간이 있을 겁니다. 그때 비로소 휘몰아치는 감각의 롤러코스터에서 내려와 모든 것이 또렷하게 보이는 회전목마에 앉아 있는 자신을 발견하게 될 거예요. 그럴 수 있도록 저도 함께 하겠습니다.

애도 강의실

표현적 글쓰기로 시작하는 애도

가까운 사람의 사망 방식이 외상적traumatic이어서 사별자가 사별로 인한 상실감뿐 아니라 트라우마와 관련된 어려움을 지속적으로 경험할 때, 이를 '외상적 사별'이라고 합니다. 주인공 데이비스처럼 교통사고로 인한 사별, 살인 등 범죄에 의한 죽음, 전쟁이나 각종 사회적 재난, 자연 재해로 인한 죽음은 모두 남겨진 이에게 외상적 사별로 경험될 가능성이 높습니다.

저는 여러 사별 중 특히, 자살로 사랑하는 이를 떠나보낸 분들을 상담실에서 자주 만납니다. 스스로 생을 마감하는 이들의 상당수는 자신의 집에서 사망하기 때문에 그들을 처음 발견하고 상황을 수습해야 하는 사람은 대체로 가족인 경우가 많습니다.[2] 물론 모든 자살 사별자가 외상적 사별 상태인 것은 아니지만, 사망 현장을 직접 목격했거나 상황 수습에 직·간접적으로 참여한 경우에는 상실로 인한 애도를 다루기에 앞서 트라우마 증상을 점검해야 할 때가 있습니다.

외상적 사별로 인한 충격은 상실과 트라우마 각각이 남긴 상처의 단순 합, 그 이상입니다. 트라우마가 상실에, 상실이 트라우마에 영향을 미치고 상호작용해서 '외상적 사별'이라는 상태를 만들어냅니다.

외상적 사별에 관해 본격적으로 말씀드리기 전에 상실loss 이야기를 먼저 하고 싶습니다. 우리 삶 어디든 상실이 존재하고 한 사람이 일생을 살아가는 동안 상실 경험을 수도 없이 반복하지만, 어떤 상실은 '잃었다'는 감각조차 없기도 합니다. 예를 들면 이런 종류의 상실이 해당됩니다. 친했던 친구가 어느 날 갑자기 나를 멀리하는 것, 끝나버린 연애, 아이가 독립해 집을 떠나는 것, 부모님이 암에 걸리는 것, 고향을 떠나 낯선 타지로 이사를 가는 것, 노화로 점차 시력과 청력이 떨어지는 것 등이 여기에 해당합니다.

우리가 생각하는 것보다 상실의 범주는 넓습니다. 어떤 상실은 한 사람의 삶을 지배할 정도로 크게 다가오기도 합니다. 클라이맥스를 뭉텅 거둬내 맥이 다 빠져버린 이야기처럼 '그때 잃어버린 것'을 이야기하지 않고서는 '나'라는 사람을 설명할 수 없는 경험 같은 것이 그런 상실이죠. 개인차가 있긴 하지만 여기 해당하는 상실이 '외상적 사별'인 경우가 많습니다.

외상적 사별 이후의 시간들

무언가를 상실한 뒤 우리는 잃어버린 것을 슬퍼하고 애도하며 그 대상이 없는 상태에 적응해야 하는데, 죽음의 방식이 외상적일 때 적응을 위해 애써야 하는 노력의 강도와 폭은 매우 크고 넓습니다. 그래서 더 고통스러운 것이죠. 자기 자신, 우리를 둘러싼 세상 모두를 그 사람이 없는 상태에 적응하도록 변화시켜야 합니다.

가끔 어떤 사별자분들은 '그 일이 있기 전'으로 돌아가고 싶다고 말합니다. 어제와 똑같은 해가 뜨고, 어쩔 수 없이 눈을 떠 하루를 시작해야 하는 것이 고통 그 자체라며 여기서 멈추거나 아니면 그 일을 겪기 전으로 가고 싶다고 호소하죠. 없던 일이 될 수 없음을 잘 알기에 한동안 그만 숨을 멈추고 싶다는 마음, 죽고 싶다는 생각에 휩싸이기도 합니다.

영화 주인공인 데이비스는 이 단계에조차 이르지 못한 것처럼 보입니다. 아무것도 느끼지 못하는 무감각, 정서적 마비emotional anesthesia의 모습을 보이고 있으니까요.

내가 처리하기 힘든 압도적인 경험을 하면 우리는 이 시간을 견디며 자신을 보호하기 위해 감정을 차단해버리기도 하고, 그 사건과 관련된 감정을 억제하는 방식으로 정서적 마비 증상을 보이기도 합니다. 그러나 이 시간은 언젠가 끝나야 합니다. 압도적인 고통의 범람을 막기 위해 일시적인 내려놓은 차단기가 삶 전체로 고착된다면, 타인과의 관계를 단절시키는 높고 두꺼운 벽으로 변해버릴 수도 있으니까요. 그렇다고 해서 억지로, 강제로 느끼고 있는 것을 끄집어내도록 압박해서는 안 됩니다. 안전하고 지지적인 관계가 필수적이죠.

영화 〈데몰리션〉은 아내의 사망 직후 데이비스가 보이는 모습을 그리고 있습니만, 우리가 기대하는 배우자를 잃은 남편의 상태가 아니죠. 때문에 주변 사람들은 데이비스를 어떻게 대해야 좋을지 몰라 하고 장인 필은 이런 사위를 몹시 못마땅하게 생각합니다. 물론 장인이 처음부터 그랬던 것은 아니에요. 눈물도 흘리지 않고, 아무렇지 않게 회사에 출근하는 사위를 보고 '남자답게 감정을 잘 통제하고 있다'며 격려했으니까요. 그러나 데이비스는 장인의 기대와 다르게 완전히 무너져 얼이 빠져 있는 쪽에 더 가까웠습니다. 그 상태에서 보이는 엉망진창의 행동들이 급기야 장인의 분노를 폭발시키고 말죠.

만약, 사고 직후 데이비스가 재난이나 트라우마 위기 개입 전문가를 만났다면, '심리적 응급처치Psychological First Aid, PFA'[3]를 받았을 수도 있습니다. 심리적 응급처치란 사건 직후 나타나는 심리적 고통을 경감하고 단기 및 장기 적응 기능과 회복력을 도모하기 위한 개입 방식입니다. 조금 더 쉽게 말씀드리면, 고통을 사라지게 하는 것이 아니라 견디고 회복으로 나아갈 수 있는 기반을 닦는 것이죠. 며칠간의 급성기 반응을 면밀하게 파악하고 잘 다루면, 외상 경험이 심각한 정신건강 문제로 치닫는 것을 예방할 수 있습니다.

무너진 삶을 재건해주는 이야기의 힘

트라우마를 겪은 사람의 시간은 과거, 현재, 미래 순으로 흐르지 않습니다. 이들의 변화된 시간관time perspective을 설명할 때, 저는 심리학자 필립 짐바르도Philip Zimbardo의 말을 자주 인용합니다. 트라우마는 그 사건이 발생한 시간 속에 생존자를 가두어 그들이 '지금, 여기'가 아닌, 사건이 발생한 '그때, 거기'의 삶에서 살도록 한다고 요.[4] 이들의 시간이 다시 흐르게 하려면 현재에 살며 '지금, 여기'의 삶에 초점을 맞추도록 해야겠죠.

우연히 발생한 자판기 고장 사건은 데이비스 본인이 인식하지 못했던 상실의 문장을 쓰게 만들었습니다. 낯선 이에게 쓰기 시작한 항의의 편지는 어느 순간 점차 표현적 글쓰기expressive writing가 되었습니다. 표현적 글쓰기는 1980년대에 미국의 심리학자 제임스 페니베이커James W. Pennebaker가 처음 개발한 방법입니다. 페니베이커는 "고통스러운 경험이나 사건을 우리가 어떻게 이해하고, 그 경험을 어떻게 우리 삶의 이야기로 포함시키는지가 표현적 글쓰기의 핵심"이라고 했습니다.[5] 표현적 글쓰기는 문법적으로 올바르고 유려한 글을 쓰는 것을 목표로 하지 않습니다. 대신 마음속 깊은 감정과 생각을 숨김없이 써내려갈 때, 몸과 마음이 회복되기 시작한다고 봅니다. 저도 애도 상담에 찾아온 내담자들에게 글쓰기를 권유할 때가 자주 있고 어떤 분께는 예쁜 공책을 선물하기도 합니다. 손으로 쓰는 일이 부담스럽다면, 나만의 비밀 블로그에 순간의 감정과 생각을 가감 없이 써내려가 보라고 말씀드릴 때도 있고요.

정신건강 전문가들은 예측하지 못한 충격적인 일을 겪은 사람들에게, 그들의 경험을 비밀로 간직하지 말고 관계 속에서 발화하고 나누라고 조언합니다. 외상 경험을 비밀로 부쳐두는 것은 고통에 먹이를 제공하는 것과 같으니까요. '말하기'와 '쓰기'는 발화하고 나누기 위한 가장 대표적인 방법입니다. 그러나 주인공 데이비스는 말하지 못했습니다. 기행에 가까운 행동만 할 뿐 가족에게도 직장 동료에게도 아무 말도 하지 못했죠. 실은 대부분의 외상적 사별자가 사건 직후 '제대로 말하기'를 어려워합니다. 충격과 혼란으로 아무것도 느낄 수 없는 상태에 놓인 탓도 있습니다. 여기서 고려해볼 점은 말하기가 쓰기보다 좀 더 복잡하다는 사실입니다. 고통스러운 경험을 상대방이 과연 수용할 수 있을지, 내가 얼마나 솔직할 수 있을지, 내 말이 타인에게 닿는 순간 왜곡되거나 가볍게 취급되진 않을지, 그래서 내 고통이 더 악화되진 않을지 하는 두려움이 입을 막습니다.

이럴 때 '쓰기'가 도움이 될 수 있습니다. 머릿속에 뒤죽박죽으로 꼬인 경험을 언어화하고, 펜을 잡고 손가락을 움직여 종이 위에 단어와 문장을 토해내는 과정은 단순히 고통을 반복하는 일이 아닙니다. 쓰기는 내가 주인공이 되어 무너진 이야기를 새롭게 써내려갈 기회를 제공합니다. 데이비스에게도 마찬가지였습니다. 편지를 받아 읽을지 그냥 쓰레기통에 던져버릴지 모를 완벽히 낯선 타인의 존재는, 두려움을 내려놓고 담담하게 자신이 겪은 일들을 써내려갈 수 있는 용기를 주었습니다.

이런 노력은 그날에 멈춰버린 나로 사는 것이 아니라 오늘을 살며 보고, 듣고, 느끼는 경험을 하나하나 새로 쌓아가게 합니다. 처음에는 온통 죽음에 관한 생각만 떠오르겠지만 죽지 않고 살아내는 나라면, 다시 삶에 온전히 참여하는 나라면, 나를 응원해주는 좋은 사람들과 함께하는 그런 나라면, 나는 상실을 안고 새로운 존재로 '지금, 여기'서 살아낼 수 있습니다.

다음은 여러분의 애도 상태를 점검해볼 수 있는 질문지입니다. 높은 점수를 받으신 분은 애도 과정을 함께할 정신건강 전문가를 만나보시길 권합니다. 만약 전문가를 만나는 일이 불편하고 꺼려지신다면, 문구점에 가서 마음에 쏙 드는 공책과 필기감이 좋은 펜을 사보세요. 그리고 첫 문장을 적어보는 겁니다. 이제 가장 안전한 애도 공간이 생겼습니다. 당신의 글로 공간을 가꾸다 보면, 언젠가 누군가를 초대해 얘기를 나누고 싶어질 거예요. 꼭, 그렇게 될 겁니다.

간편 애도 질문지[6]

The Brief Grief Questionnaire, BGQ

당신에게 소중한 누군가가 사망했습니까? 만일 그렇다면,

1. 고인의 죽음을 받아들이는 데 얼마나 어려움을 겪고 있습니까?
2. 애도 반응이 당신의 삶을 얼마나 방해하고 있습니까?
3. 고인이 사망했을 당시의 장면이나 그와 관련된 생각이 얼마나 자주 떠올라서 당신을 괴롭힙니까?
4. 고인이 살아 있을 때 하던 활동 중 당신이 더 이상 편하게 할 수 없거나 피하게 되는 것이 있습니까? 예를 들어 고인과 함께 갔던 장소를 방문하는 것, 함께 즐겼던 활동을 하는 것, 고인의 사진을 보는 것, 고인에 대해 이야기하는 것 등을 피하고 있습니까? 이러한 것들을 얼마나 피하고 있습니까?
5. 고인이 사망한 이후, 가족이나 친구처럼 가까웠던 사람들과의 관계에서 얼마나 단절되었거나 거리감을 느끼고 있습니까?

| 응답 기준 |

0점=전혀 그렇지 않다. 1점=어느 정도 그렇다, 2점=매우 그렇다.

총점 5점 이상: 복합성 애도Complicated Grief 증후군이 있을 가능성을 시사하며, 진단을 내리기 위해서 임상가의 정밀 평가가 필요합니다.

출산과 동시에 떠난 아이, 무엇을 애도해야 할까요?

무엇을 잃었는지도 모르는, 이름 없는 슬픔 마주하기

> *"아기를 안고 있을 때 어땠나요?"*
> *"사과 향이 났어요."*
>
> – 영화 〈그녀의 조각들〉 중에서

안녕하세요, 선생님. 우선 제가 겪은 일이 애도 상담을 받을 만한 사별 경험인지 모르겠어요. 보통 누군가를 잃은 뒤 떠나버린 관계에 쌓인 추억이나 사랑이 많았던 사람들이 혼자 그 슬픔을 감당하기 힘들 때 애도 상담을 받는다고 알고 있거든요. 그 사람의 무언가가 그립고 보고 싶어 애통한 마음에 누군가를 붙잡고 하소연하고 싶은 마음 같은 것 때문에요. 만약 그렇다면 저는 거기에 해당하지 않습니다. 제가 아이를 만난 것은 단 몇 분이었어요. 제 몸 밖으로 아이가 빠져나온 뒤 잠시 안아본 것, 그게 아이와 제가 함께한 전부입니다. 삶과 죽음이 전기포트에 물이 완전히 끓어오르는 시간보다 짧은 순간, 동시에 일어날 수 있다는 것을 상상해보셨나요? 그날 저는 욕조에서 제 아이가 태어나고 죽는 것을 모두 겪었습니다.

그날 일이 궁금하시겠군요. 저는 가정 분만을 했어요. 차갑고 낯선 사람으로 가득한 병원이 아니라 아이와 함께 살아갈 우리 집, 편안하고 따뜻한 곳에서 아이를 환영하고 싶었거든요. 저와 남편이 심사숙고 끝에 결정했고 많이 공부하며 철저히 준비했습니다. 아이를 맞이하는 일을 허투루 할 부모는 없잖아요. 무엇보다 좋은 조산사 선생님을 구하는 일이 가장 중요했고, 저희는 경험이 많은 훌륭한 분을 모셔서 아이를 맞이할 날을 준비하고 있었습니다. 그런데 그날, 예정일보다 빨리 양수가 터졌고 저를 맡았던 조산사는 다른 출산을 돕느라 올 수 없었습니다. 우리는 아이가 우리를 만나러 오기 위해 스스로 그날을 선택했다고 생각했어요. 가정 분만도 순리대로 아이를 만나고 싶은 마음에 결정한 것이었고요. 비록 함께 준비해온 조산사가 오지 못했으나 미룰 이유가 없었습니다.

여기서부터 잘못된 걸까요? 우리 아이의 운명이 이때 결정된 걸까요? 아이는 애초에 죽을 운명이었던 걸까요? 우리 부부는 아이를 가질 수 없는 사람들이었던 걸까요? 지금도 자주 이 생각에 빠지고, 한번 빠지면 좀처럼 헤어날 수 없습니다. 이런 생각을 멈추는 방법도 알려주시면 좋겠습니다.

다시 그날 일을 말씀드리겠습니다. 저희를 돌보던 조산사는 오지 못했지만 서둘러 소개받은 다른 조산사가 도착했어요. 조금 불안했지만 경험이 많아 보였고 신속하게 저를 안정시키며 편안하게 분만을 도왔습니다. 차분한 분이었어요. 그리고 그때까지 정말 아무 문제도 없었습니다. 진통으로 힘들었지만 무사히 아이가 세상 밖으로 나왔습니다. 그 순간 우리 모두는 감격했어요. 난생 처음 느껴보는 환희였습니다. 그런데 갑자기 아이의 심장박동이 불안정해졌어요. 분명히 아이는 세상 밖으로 나왔고, 울었고, 제가 품에 안았었는데 몇 분 버티지 못하고 울음을 멈췄고 숨도 쉬지 않았습니다.

선생님, 저는 아이를 잃었습니다. 이름도 불러보지 못한 아이를 떠나보냈습니다. 그런데 무엇을 잃었는지 잘 모르겠어요. 무슨 말인지 이해하실 수 있나요? 분만하자마자 잠깐 제 품에 안겨 이제는 기억조차 희미한 울음소리를 짧게 내다가 아이는 떠났습니다. 하지만 저는 제가 낳은 그 아이를 알지 못해요. 아이가 몇 개월에 기었고 걸었는지, 뭘 좋아하는지, 어떤 성격인지, 무슨 꿈이 있었는지 저는 알 수 없습니다. 잃어버렸지만 제가 잃어버렸다고 할 만한 것이 저에게 없습니다. 그래서 매일 울고 힘들어하는 남편이 잘 이해되지 않아요. 저는 남편과 달라요. 예전과 똑같이 출근하고 마트에 가서 장을 봅니다. 주변 지인들은 엄마인 제가 훨씬 오랫동안 아파할 거라고 생각했나 봅니다. 금방 출근을 했더니 제 자리를 직장 동료가 쓰고 있더라고요. 황당했습니다. 아이를 낳은 것은 저인데 왜 출산한 저보다 제 주변 사람들이 더 화를 내고 슬퍼하고 아파하나요? 그들의 감정을 저는 이해할 수 없습니다. 위선 같아 보입니다. 무엇을 안다고 저렇게 호들갑을 떠는 걸까요?

친정어머니는 조산사를 법정에 세워 반드시 처벌받게 해야 한다고 고집합니다. 변호사를 알아보면서 적극적으로 나서고 계세요. 작디작은 제 아이의 시신을 부검까지 했지만 명확한 사인은 밝혀지지 않았습니다. 그래도 친정어머니는 제 아이를 죽게 만든 가해자를 감옥에 넣어야 한다고 합니다. 동네 마트에서 잠깐 만난 아주머니도 조산사가 감옥에 갈 거라며 저를 위로하더군요. 어머니는 확신하고 있어요. 그렇게 해야 제가 죄책감에서 벗어날 수 있다고요. 남편도 마찬가지입니다. 어머니와 함께 변호사를 만나고 다니거든요.

모두들 이해할 수 없는 죽음의 책임을 조산사에게 물어야만 제가 괜찮아질 거라고 생각하는 것 같아요. 정작 저는 괜찮아진다는 것이 무엇인지 모르겠습니다. 엄마로서 엄청난 충격과 죄책감을 느낄 거라고 예상하고, 그래서 저를 보호하려는 것 같습니다. 하지만 지금 제가 느끼는 이 감정이 과연 죄책감인지, 정확히 무엇인지 잘 모르겠습니다. 다만 제 주위의 모든 사람이 한 목소리로 제 잘못이 아니라고 합창을 하는 것 같고 저는 그저 모든 것이 공허한 메아리같이 느껴집니다.

제가 모르겠다는 말을 몇 번이나 반복했는지 모르겠네요. 죄송합니다. 이 와중에 선명한 한 가지는 조산사의 책임으로 넘기고 싶지 않다는 것입니다. 그녀가 처벌받는 것(처벌받을 이유도 없다고 생각하지만)과 저의 죄책감(주변 사람들이 저 대신 규정해주는 감정)은 완전히 별개라고 생각합니다.

바보 같은 생각이지만 저는 이런 생각도 듭니다. 제가 스시를 많이 먹어서 그렇게 됐을 수도 있습니다. 임신

부는 날 생선을 먹으면 안 된다고들 하는데 아이를 생각하지 않고 이기적인 마음에 입맛대로 먹었습니다. 남편이 술을 마셔서 그랬을까요? 제 상태에 익숙하지 않은 조산사가 왔기 때문일까요? 가정 분만이 문제였던 걸까요? 병원에서 분만했다면, 그래서 응급처치가 신속하게 이루어졌다면 우리 아이는 살아 있을 것 같습니다. 제가 가장 괴로운 지점이기도 합니다. 우리 부부는, 그리고 저는, 모든 걸 잘못해버린 것만 같습니다.

이런 한심한 엄마에게 아이를 맡길 수 없어서 신은 잠깐 아이를 보내주고 거둬간 것 같습니다. 아이가 죽고 나서…… 몇 분 살지도 못했는데 죽었다는 표현이 너무 거창하게 느껴집니다. '죽음'이라는 무거운 말은 아이에게는 어울리지 않아요. 짧은 그 순간이 모두 꿈 같습니다. 그런데 아이가 '죽었다'는 사실을 자꾸 일깨워주는 일들이 생깁니다. 가족들은 아이를 저희 가족 묘에 안장시키자고 하는데 저는 달갑지 않았습니다. 무엇이 제대로 된 결정인지 아무것도 생각할 수 없는 상태였고 그래서 그냥 엄마 말을 따르기로 했습니다. 그런데 엄마가 골라준 아이의 작은 관을 본 순간 저는 폭발하고 말았습니다. 한번도 불러보지 못한 제 아이의 이름은 '이베트Yvette'입니다. 그런데 관에는 틀린 철자 'Ivett'로 적혀 있었어요. 분노에 휩싸여 이성을 잃었습니다. 소리를 지르며 난리법석을 피웠어요. 어머니는 이 일을 '사소한 실수'라며 가볍게 여기시더군요. 이게 식당 메뉴판의 오타처럼 쉽게 넘길 일인가요? 이런 일을 겪고 나니 어머니, 남편, 언니까지 저를 걱정하고 돌봐주려는 사람들의 선의를 있는 그대로 받아주기 힘듭니다. 선의인지조차 의심스럽습니다. 더 이상 맞춰줄 수 없어요. 꼴도 보기 싫습니다. 선생님. 그날 이후 모든 것이 엉망진창입니다. 제가 잃은 것은 무엇일까요?

그녀의 조각들
Pieces of a Woman

2021. 미국. 청소년 관람 불가. 드라마. 126분.

감독 코르넬 문드루초.
출연 바네사 커비, 샤이아 라보프, 엘런 버스틴 등.

상담실에서

안녕하세요. 마사! 따님의 이름이 이베트군요. 혈통이 드러나는 멋진 이름이네요. 아이의 이름을 짓기 위해 남편과 마사가 얼마나 많은 시간을 고민했을까요. 아이가 찾아올 그날을 기다리며 하나둘씩 물건을 사 모아 예쁘게 방도 꾸며 놓았을 테고요. 아이를 출산해본 경험이 있는 부모라면 마사가 아기 물건을 고를 때마다 느꼈을 기쁨과 기대, 흥분을 충분히 짐작하고도 남을 겁니다. 저 역시 그렇습니다. 아이를 품에 안기 전까지 엄마들은 너무너무 궁금하잖아요. 어떤 모습으로 아이가 우리 곁에 올지.

마사의 남편은 어땠나요. 아이가 걸음마를 시작할 때, 자신이 짓고 있는 다리를 가장 먼저 걷게 하려고 최선을 다해 열심히 일했습니다. 오직 마사의 남편만이 아이에게 해줄 수 있는 멋지고 근사한 계획이라고 생각했습니다. 그 얘기를 듣고 마사는 어떤 기분이 들었나요? 저라면 크게 감동했을 것 같습니다. 마사의 남편은 아이를 위해 술과 담배를 끊었고 생활 방식을 완전히 바꿨습니다. 마사와 마찬가지로, 남편 역시 아이와 함께할 미래에 대한 기대와 희망으로 가득 차 있었을 것입니다. 아이를 기다리는 그 시간 동안 두 분 모두 정말 행복하셨죠? 그래서 저는 이렇게 생각합니다. 아이가 세상에 태어나기 훨씬 전부터, 마사와 남편, 그리고 이베트의 인연은 이미 시작되었다고요. 이베트! 마사 부부의 아기 이름 이베트를 자꾸 소리 내 불러주고 싶어요. 마사가 아기에게 '이베트'라고 이름을 지어줬을 때, 그저 존재만 하던 작은 생명이 이름을 가진 사람이 되었습니다. 무명의 아기가 '이베트'라는 이름을 통해 마사의 딸로, 그리고 어엿한 한 사람으로 이 세상에 존재했던 것입니다.

이베트는 짧은 순간 머물다 갔지만 부모의 무한한 기대와 사랑을 받았던 마사 가족의 일원이었습니다. 그래서 저는 관에 잘못 쓰인 아이의 이름을 보고 불같이 화가 났던 마사의 마음에 깊이 공감합니다. 무엇을 잃었는지 모르겠다고, 그래서 무엇을 애도해야 할지 모르겠다고 했지만 마사! 마사 부부가 정성 들여 이름을 지어줬던 당신의 딸, 이베트를 잃은 겁니다. 그렇기 때문에 자식을 잃은 다른 부모처럼 애도하는 것이 마땅합니다.

무엇을 애도해야 하냐고 물으셨죠? 마사 곁에 와 안겼던 이베트, 마사의 몸 안에 함께했던 10개월 동안의 이베트, 아이를 만나기 위해 마사와 마사 남편이 준비했던 모든 것들, 그 일들을 준비하며 느꼈던 기대와 설렘의 감정들, 약간의 불안과 긴장, 그리고 이베트와 함께 하려고 했던 계획, 더 먼 가족의 미래, 모두 애도의 대상입니다. 이런 것들을 하나하나 떠올리며 충분히 슬퍼하는 것, 이것이 마사가 시작해야 할 애도의 첫 단계일 수 있겠네요.

낙태와 유산, 사산을 겪은 산모와 그 가족들이 겪는 상실 경험이 어떤 것인지 우리 사회는 잘 알지 못해요. 잠깐 머물렀다가 사라진 존재이므로 제대로 된 애도 과정을 거치며 기억하고 추모해야 할 대상으로 생각하지 않죠. 여성 자신이 경험을 드러내놓고 말하기를 꺼리기도 하고 마사처럼 애도 과정을 거쳐야 할 상실 경험이라고 인식하지 못하기 때문이기도 하죠. 이런 상태의 애도를 부르는 말이 있습니다. '박탈된 애도disenfranchised grief' 혹은 '금지된 슬픔'이라고도 부릅니다.

이베트를 잃고 나서 누군가와 이베트에 대해 이야기 나눈 적이 있었나요? 아마 남편하고도 말하기 어려웠을 거예요. 마사와 마찬가지로 마사의 남편도 똑같이 이베트를 잃었습니다. 다만 그 슬픔을 느끼고 표현하는 방식이 마사와 너무나 다를 뿐이죠.

조산사를 처벌하라고 강요하는 어머니에게도 화가 많이 나신 것 같습니다. 사람들은 예기치 못한 갑작스러운 사건에 휘말리게 되면 그 일이 발생한 원인과 이유를 명확히 알고 싶어 해요. 인간의 자연스러운 정보처리 과정이죠. 혼란스럽고 복잡한 감정을 있는 그대로 느끼고 표현하는 것은 갑작스러운 사별 직후에는 힘들어요. 그래서 가해자를 찾아내 비난하고 화를 내거나 처벌함으로써 불편한 감정을 해소하려 합니다. 외부의 적을 세워 피해를 입은 우리를 지켜주는 울타리를 치는 방식을 택하는 거죠.

물론 의도를 품고 의식적으로 이 과정을 행하는 것은 아닙니다. 이베트의 죽음에 대한 책임이 적어도 내 딸에게 있지 않다는 것을 어머니인 자신이 결론 내주고 싶은 마음, 그래서 이베트의 죽음에 책임감을 느끼고 고통스러워 할 당신 딸을 어떻게든 보호해주고 싶은 마음이었을 겁니다. 얼굴도 보지 못한 손녀 이베트보다 눈앞에 있는 딸을 위해 최선을 다해 뭔가를 하고 싶으셨던 거겠죠.

마사, 아직 남편과 어머니의 마음까지 모두 다 헤아리긴 힘듭니다. 애쓰지 마세요. 지금 상황에서 제일 중요한 것은 마사, 오직 당신의 마음입니다. 타인의 선의를 거스를 수 없어 끌려다니지 마세요. 우리 모두는 마사가 이 시간을 현명하게 통과해내길 바랍니다. 그러려면 이베트를 잃어버린 마사의 마음에서 들리는 소리에 집중하셔야 합니다. 외부를 향한 전원은 잠시 꺼두셔도 좋습니다.

마사가 가장 편안하다고 생각하는 공간에서 조용히 그날 일어났던 일을 시간 순서대로 떠올려보세요. 마사와 남편과 조산사는 어디에 있었나요? 무엇을 하고 있었나요? 마사는 어떤 생각을 했고, 무엇을 느꼈나요? 그리고 이베트를 떠올려보세요. 그때 마사의 모든 감각으로 느꼈던 이베트를 말씀해주세요. 이베트의 향기, 생김새, 소리, 촉감을 아주 상세하게 설명해주세요. 이베트의 눈동자는 무슨 색깔이었나요? 이베트의 머리카락은 무슨 색깔이었나요? 그 순간을 카메라에 담으셨죠? 사진을 인화해 그 순간을 온몸과 마음에 가득 담아주세요. Y로 시작해 E로 끝나는 이름을 가진 이베트를 얼마나 사랑했는지, 이베트를 기다리며 느꼈던 기쁨과 환희를 기억해주세요. 그리고 함께하지 못한 이베트와의 미래를 애닯도록 슬퍼해주세요. 당신은 이베트의 엄마입니다. 당신이 살아 있는 한 앞으로 계속이요.

애도 강의실

상실의 불확실성, 모호한 상실에 대해

주인공인 마사는 출산과 동시에 아이를 잃었습니다. 출생 후 28일 이내에 사망하는 것을 '신생아 사망'이라고 하는데 마사의 경험이 바로 여기에 해당됩니다. 신생아 사망뿐 아니라 유산과 사산stillbirth으로 끝내 아이를 만나지 못하는 부모가 상당히 많음에도 상실과 애도의 관점에서 이들의 경험을 이해하고 바라보는 경우는 그다지 많지 않은 것 같습니다. 당사자조차 애써 묻어두고 입 밖에 꺼내지 않죠. 의학이 지금처럼 발달하기 전에는 신생아 사망이 빈번한 일이었으므로 특별히 이를 애도해야 할 상실로 인식하지 않았습니다. 하지만 현재는 유산이든 사산이든, 혹은 신생아 사망이든 명확한 '상실'이라 규정하고, 교육하고 있습니다.

마사는 자신이 무엇을 잃어버렸는지 모르겠다고 했습니다. 이처럼 신생아 사망은 내가 잃어버린 것이 무엇인지, 과연 잃어버린 것이 맞는지에 대한 내적 모호성이

굉장히 큰 상실 경험입니다. 단어 그대로 상실했다는 경험이 명확하지 않고 모호하게 남아 있는 겁니다. 잃어버린 것 같기도 하고 그렇지 않은 것 같기도 한 흐릿함 때문에 상실 경험 그 자체의 본질과 의미를 축소하거나 외면하며 이후 자연스럽게 따라오는 감정들을 제대로 표현하지 못하게 됩니다. 쉽게 말하면 슬퍼할 시간과 공간을 허락하지 못하는 상태, 애도할 수 없는 상태가 되는 겁니다.

모호한 상실의 두 가지 유형

이러한 상태를 '모호한 상실ambiguous loss'이라고 일컫습니다. 모호한 상실에는 두 가지 유형이 있습니다.

첫 번째는 생사 여부가 불확실하기 때문에 물리적인 실체는 없지만 심리적으로 어딘가에 존재한다고 생각하는 경우입니다. 예를 들면, 가족이 실종됐거나 유괴를 당했으나 아직 찾지 못한 분들이 여기에 해당합니다. 버스를 타고 남산 터널을 빠져나와 명동으로 진입할 때 늘 보았던 현수막에는 이런 문구가 적혀 있었습니다. "실종된 송혜희를 찾아주세요." 1999년 17살의 모습으로 사라진 딸을 애타게 찾는 가족이 내건 현수막입니다. 2022년 여름, 아버지가 세상을 떠날 때까지 가족들은 송혜희 씨를 기다렸습니다. 생사의 지독한 불확실성은 기다리는 사람을 육체적·심리적 고통 속으로 밀어 넣습니다. 때로는 무용한 일에 매달린다며 '이제 제발 그만'하라는 다른 가족과 불화하게 만들기도 합니다. 이 밖에도 '그 사람이 죽었다'라는 완결성을 주지 못하는 사별 경험이 많습니다. 자연재해나 사회적 참사로 목숨을 잃었으나 시신을 찾지 못했을 때도 그렇습니다. 그 사람이라는 것을 확인할 수 있는 아주 작은 일부라도 찾아 장례를 치를 수 없다면, 이 죽음은 믿을 수 없거나 믿고 싶지 않은, 부재하지만 어딘가에 존재할 것만 같은 모호한 상실이 됩니다.

두 번째 유형은 실제로 곁에 존재하고 있지만 심리적으로는 부재하는 것입니다. 자식이 누구인지 알아보지도 못한 채 오랜 기간 요양 병원에 누워 계신 부모를 둔 자녀를 생각해봅시다. 아직 돌아가신 것은 아니지만 예전에 내가 알던 부모는 아닙니다. 아마 이런 상태를 '상실'로 인식하는 사람은 많지 않을 겁니다. 모호함이 상실 경험을 복잡하고 어렵게 만들기 때문에, 모든 상실 경험에 자연스럽게 이어지는 애도 과정으로 진입하기 어렵게 만듭니다.

애도는 사회적이고 공적인 측면이 강합니다. 알게 모르게 우리는 어떤 사람이 사별 이후 슬퍼하고 있다면 잃어버린 대상이 누구인지를 파악하고자 합니다. 직장 생활이나 어떤 모임에 속해 있는 사람이라면 부친상, 모친상, 빙모상, 빙부상, 시모상, 시부상, 자녀상, 배우자상, 형제상 등 부고장을 받아본 경험이 있을 겁니다. 혹시 이외의 관계에 대한 부고장을 받아본 적이 있는지 궁금합니다. 저는 경험해보지 못했습니다. 십 수 년 넘게 키우던 강아지를 떠나보냈거나 친밀했던 사촌 동생이 갑자기 사망했을 때, 우리는 공식적인 부고를 띄우지 않습니다. 혹시, 이런 관계의 사별을 생각해보셨나요? 오랫동안 불륜 관계였던 애인, 동성 연인, 혼외 자녀, 이혼한 전 배우자가 죽었을 때, 더더욱 그 죽음을 알려 함께 애도하지 않습니다. 주변 사람들에게 '슬퍼할 만하다'라는 인정을 받기 힘들다고 생각하거든요. 사별 당사자만 그렇게 생각하는 것이 아니라 사회적 인식도 마찬가지죠. 이때 남겨진 사람은 '박탈된 애도' 상태에 빠지게 됩니다.

우리 사회는 제도적으로 애도할 책임과 권리가 있는 관계를 어느 정도 규정해놓고 있습니다. 그러다 보니 남보다도 못한 부모나 연을 끊어버린 자식이 죽었을 때, 일반적으로 기대하는 것만큼 애통하고 슬퍼하지 않는 사람은 남들에게 그런 모습이 어떻게 보일까 싶어 불편함을 느낍니다. 사회적으로 드러내놓고 인정받지 못한 관계의 사별을 위로받지 못하는 것처럼, 모두가 당연하게 슬퍼해야 한다고 생각하는 관계에서 슬프지 않을 때 애도는 어려워집니다.

상담실에서 가족 이외의 다른 여러 관계에서 사별을 겪은 이후 아파하는 분들의 이야기를 들으면서 '애도할 자격'이란 무엇인지, 과연 그런 게 있긴 한지 생각해볼 때가 많습니다. "제가 가족도 아닌데 이 정도로 아파하는 게 맞나요?", "부모가 죽은 것도 아닌데 너무 오래 슬퍼하는 것은 아닐까요?", "아버지가 돌아가셨는데 저는 아무 느낌이 없습니다." 그럴 때 저는 이렇게 말씀드립니다. 어떤 존재에게 우리가 마음을 쏟았다면, 관계에서 주고받았던 감정과 경험이 켜켜이 쌓여 있다면 우리는 충분한 시간을 들여 그 사람을 위해, 그리고 그를 잃은 나를 위해 눈물을 흘려야 한다고요. 스스로 애도할 권리를 박탈하지 말자고요.

슬픔은 심리적 과정이자 신체적 경험이다

다시 아이를 잃은 마사의 이야기로 돌아가보겠습니다. '먹이고 재우고 씻기며 키웠던 것도 아닌데, 즉 자식을 키우는 경험을 하며 사랑을 주고받았던 것도 아닌데, 좀 더 가혹하게 얘기하면 그 아이는 자기 엄마가 누구인지 알지도 못하는데 자식을 잃은 여느 부모처럼 애도할 수 있을까? 내가 엄마였던 것이 맞았나?' 하는 생각을 할 수 있습니다. 사산이나 유산으로 아이를 잃은 여성은 이런 혼란감이 더 클 수밖에 없습니다. 따라서 이들의 애도 과정에는 '내가 잃어버린 것이 과연 무엇인지' 그 의미를 찾아 구성하는 활동이 반드시 필요합니다. 물론 그 전에 먼저 제대로 의미 따위는 찾을 수 없는 상실의 어두운 미로에 놓여 있는 무력한 상황임을 스스로 인정해야 하고요. 충격적인 상실 이후 새로운 의미를 찾고 그것을 나라는 사람의 정체성에 통합시키는 일에는 수년의 시간이 걸릴 수 있으니 초반에 너무 압박하지 않는 것도 중요합니다. 시간이 걸린다는 사실을 받아들여야 합니다.

때로 상실 직후 너무 이른 시기에 '의미 만들기'에 몰두하는 시도는 애도 과정을 오히려 방해할 수도 있습니다. 혼란 속에서 만들어낸 의미는, 마땅히 느껴야 할 슬픔의 감정을 한쪽으로 치워버린 채 고통을 지적인 '해석'으로 뒤덮어버리기도 합니다. 마사도 그랬죠. 아기 몸 일부를 장기 기증할 수 있는지 문의하기도 했고, 그게 불가능해지자 아기 시신을 의학 교육용으로 활용하도록 조치를 취하기도 합니다. 이런 마사의 행동은 아픔을 충분히 느끼기 전에 조급하게 의미 만들기를 시도한 것으로 이해해 볼 수 있습니다.

마사는 이렇게 말합니다. '아이를 유용하게useful 남기고 싶다'고요. 아이의 존재와 흔적을 이 세계에 남기고 싶은 욕망이자, 아이의 죽음을 의미 있게 만들고 싶은 처절한 몸부림이라고 볼 수 있습니다. 남편은 이런 아내를 끔찍하게 생각하며 그냥 온전히 보내주면 안 되겠냐고 호소하죠. 같은 상실을 겪고도 서로의 고통을 알아보지 못한 채 관계가 무너지는 순간입니다.

그런 마사가 떠나보낸 아이 '이베트'에게 온전히 집중해야 하는 시간을 맞이합니다. 아이를 잃고 6개월이 훌쩍 지난 어느 날, 법정 증언대에서 말이죠. 그곳에서 마사의 어머니가 책임을 따져 묻고 가해자로 만들어야 한다고 생각하는 조산사의 법적 대리인이 질문을 던집니다. 변호인은 사건의 인과관계를 따지기 위해 질문한 것이었지만, 그 질문에 답하는 과정에서 마사는 피하고 있던 이베트에 대한 감각과 기억을 끌어냅니다. 그 결과 마사는 아이에 대한 새로운 의미를 찾아내죠. "제 딸은 그런 목적으로 세상에 나온 게 아니에요. 어떻게 타인에게 고통을 전가시킬 수 있습니까?"

영화에서 다소 극적으로 표현되었지만 모호한 상실을 겪은 후 충분히 애도하기 위해서는, 시간을 두고 천천히 자신의 감정에 귀 기울일 수 있는 무언가가 필요합니다. 저는 슬픔은 심리적 과정일 뿐 아니라 신체적 경험이어야 한다고 생각합니다. 즉 애도는 몸과 마음이 다층적으로 얽힌 경험이어야 하죠. 마사는 아이의 향기와 감촉을 기억해냈습니다. 그리고 그 감각을 그리워하죠. 의미 만들기를 하기 전, 몸에 남아 있는 고인의 감각을 되살리고 그때의 감정을 느껴보는 시간이 필요합니다. 이때 다양한 표현 예술의 방법들이 도움이 될 수 있습니다.

칼 로저스의 딸이자 예술 치료 분야의 선구자인 내털리 로저스는 "애도 과정에서 활용하는 표현 예술은 사랑하던 사람을 잃거나 자신의 어떤 부분을 잃은 마음에서 나오는 다양한 감정을 표현하고 변화시키는 언어"라고 했습니다.[7] 음악이나 시각예술, 춤과 동작, 영화나 연극도 좋습니다. 혼란스럽고 압도적인 감정에 조심스럽게 문을 두드리되, 마음을 꾸미지 않고 있는 그대로 표현하게 할 수 있다면 말이죠.

혹시나 해서 말씀을 드립니다만 모든 것을 말끔하게 치유할 수는 없음을 깨닫고 받아들이는 것도 중요합니다. 그렇게 하다 보면 당신의 마음이 어느새 죽음이 아니라 삶을 향해 기꺼이 용기 내고 있음을 자각하게 될 것입니다.

끝으로 영화 속에서 등장하는 사과 씨와 사과나무의 의미를 살펴보고 싶습니다. 씨앗은 끝이자 시작의 상징입니다. 사과가 열매로서 생명을 다하면 씨앗이 남고 그 씨앗은 다시 새로운 생명을 시작합니다. 삶과 죽음은 그렇게 순환하고, 우리는 그저 자연의 일부일 뿐입니다.

죽었지만 살아 있는 남편과 계속 얘기해도 될까요?

삭제하지 못한 죽음, 디지털 데이터로 멈춰 세운 상실

> *"당신은, 당신이 아니야."*
>
> – 블랙 미러 시리즈 2 〈돌아올게〉 중에서

안녕하세요. 선생님. 제 남편 애시는 얼마 전 교통사고로 세상을 떠났습니다. 아! 제 이름은 마사 포웰입니다. 그 당시 저희는 한적한 근교에 있는 시어머니의 빈 집으로 막 이사를 한 직후였습니다. 남편의 어린 시절 추억이 그대로 남아 있는 곳이었죠. 애시가 죽던 날을 생각하면 아직도 꿈만 같아요. 꿈이라고 말하면 너무 낭만적으로 들릴지도 모르겠네요. 그저 모든 게 비현실적으로 느껴져서 머릿속이 정리되지 않는다는 쪽에 좀 더 가까울 것 같아요.

이사한 다음 날 우리는 사용한 렌터카를 반납해야 했어요. 애시가 제게 같이 가자고 했는데 마침 그때 해야 할 일이 있어서 남편 혼자 집을 나섰습니다. 제가 함께 갔다면 뭔가 달라졌을까요? 돌아올 시간이 한참 지났는데 감감무소식이어서 애시에게 전화했더니 받지 않더군요. 이상하다 싶어 렌터카 회사에 전화를 걸었고 아직 차를 반납하지 않았다는 얘기가 수화기 너머로 들려오는 순간 창밖에 경찰차 경광등이 번쩍번쩍 빛나기 시작했습니다. 그때 알았어요. '아! 뭔가 크게 잘못됐구나.'

장례식에 참석한 친구 세라는 남편 마크를 먼저 떠나보낸 경험이 있어서 그런지 저를 바라보는 눈빛이 다른 사람과 달랐습니다. '네가 지금 어떤 마음일지 잘 안다'는 태도 같은 거요. 하지만 그 점이 저를 몹시 불편하게 만들었습니다. 마치 제 상황을 모두 꿰뚫기라도 한다는 듯 떠들기 시작했으니까요. "실감이 안 나지? 마크가 죽었을 때 나도 실감이 안 났어. 주변 사람들도 진짜 같지 않았고 그들이 건네는 위로의 목소리도 진짜 같지 않았어. 마치 우주에 떠 있는 것 같았어"라고 하더군요. 듣기 싫었습니다. 애시는 마크가 아니고 저도 세라가 아닌데 마치 세라가 지나간 자리에 저를 억지로 끌어다 놓고 그렇게 느끼라고 강요하는 것 같았습니다. 그건 위로도, 이해도 공감도 아니었습니다. 상복을 입은 채 거기에 앉아 있는 제가 저 같지 않았습니다. 기막히고 황당했습니다. 당장이라도 문을 열고 애시가 웃으며 걸어 들어올 것만 같았습니다. 제발 그냥 내버려두었으면 좋겠는데 딱 붙어서 제 상태를 단정해버리는 세라에게 점점 화가 났습니다. 남편의 죽음에 조의를 건네러 온 것이 아니라 저를 진단하고 뭔가 처방을 내리려고 온 것 같았으니까요.

세라는 거기서 멈추지 않았습니다. 설상가상으로 남편 마크가 죽고 난 후 자기가 도움을 받았던 곳을 알려주겠다고 했어요. 남편이 죽었는데 제가 받을 수 있는 도움이란 게 뭐죠? 뭐가 도움이 될 수 있을까요? 세라는 구구절절 설명하기 시작했습니다. 죽은 사람과 대화할 수 있도록 만들어주는 곳이 있는데 자기가 저 대신 등록해준다고요. 무슨 영매를 통해서 대화하는 것은 아니라며 믿을 만한 곳이라고 저를 안심시켰습니다. 인내심을 갖고 겨우겨우 세라의 헛소리를 버티고 있었는데, 어처구니없는 제안을 듣는 순간 욕을 퍼부어주고 싶었습니다. '쓸데없는 소리하지 말고 제발, 꺼져!'

어떻게 장례식을 마쳤는지 기억이 잘 나지 않습니다.

그래도 어찌어찌 시간은 흘렀고 다시 일상으로 돌아왔습니다. 미친 듯이 집안일에 몰두했어요. 쓸고 닦고, 정리하며 시간을 보냈어요. 몸을 혹사시켜야 겨우 잠을 잘 수 있었습니다. 맞아요. 세라가 말한 것처럼 저는 실감이 전혀 나지 않았어요. 그냥 헛웃음만 비실비실 새어 나오더라고요. 그런데 참 희한하죠. 남편이 가고 나서 이메일 함에는 제 상황을 어디서 보고 들어 다 아는 것 같은 메일들이 쌓이기 시작했습니다. '애도의 6단계, 애도 핸드북, 상실 치유'와 같은 추천 도서 목록이 날아왔습니다. 저와 같은 상황에 놓인 사람들이 보는 책이라고요. 저와 같은 상황이란 게 뭘까요? 젊은 나이에 갑자기 남편이 죽은 불쌍한 여자? 도대체 왜들 이러는 걸까요.

게다가 세라가 결국 사고를 치고 말았습니다. 허락도 받지 않고 제 이메일 주소를 지난 번 말했던 업체에 등록해버렸나 봅니다. 죽은 남편의 이름으로 보낸 이메일이 도착했거든요. "맞아! 나야(Yes, It's me)"라는 제목을 단 이메일이 환하게 빛나고 있는 걸 보는 순간 제 심장이 멈춰버리는 것 같아 클릭할 수가 없었습니다. 알아요. 이메일을 보낸 건 진짜 제 남편이 아니라는 걸요. 그 안에 뭐라고 쓰여 있든 제 남편이 쓴 게 아니라는 것도요. '애시 스티

머'라는 이름은 남편 무덤 비석에 선명하게 새겨져 있으니까요.

정말 역겨웠어요. 세라에게 당장 전화를 걸어 따졌어요. 세라는 담담하게 얘기하더군요. 답장을 보내보라고. 그리고 애시의 정보를 많이 주면 줄수록 살아 있는 애시와 대화를 하는 느낌을 가질 수 있을 거라고 코치했어요. 그게 무슨 소용이죠? 그건 진짜 남편이 아니잖아요. 다시 살아 돌아오는 게 아니잖아요. 그때 제 생각은 정말 그랬습니다.

하지만 선생님, 저는 애시가 남겨놓은 흔적을 가지고 애시인 척 흉내 내는 가짜 애시라는 것을 알면서도, 제가 잘 알지도 못하는 첨단 기술을 이용한 프로그램일 뿐이라는 걸 알면서도 결국 그것에 접속해 말을 걸고야 말았습니다. 애시의 죽음을 부인하는 것은 절대 아니에요. 저는 인정합니다. 애시는 죽었고 그래서 다시 만날 수 없다는 것을요. 죽음은 끝, 그리고 돌이킬 수 없는 것이라는 걸 제가 왜 모르겠어요. 하지만 선생님, 제가 왜 가짜 애시와 대화를 할 수밖에 없었는지 아세요? 애시가 죽고 나서 얼마 지나지 않아 제가 임신했다는 사실을 알았기 때문이에요. 우리에게 아이가 생겼다는 것을 가장 먼저 알아야 할 사람, 그 환희의 순간에 꼭 함께 있어야 할 사람이 바로 제 남편 애시였으니까요. 미치도록 보고 싶고 그리웠습니다. 남편이 필요했어요. 그렇게 시작됐어요. 디지털 휴먼이 된 제 남편 애시와의 관계가요.

처음에는 그냥 채팅이었어요. 짧은 대화였지만 애시는 제가 듣고 싶은 말을 해줬어요. 임신한 제 곁에 함께 있고 싶다는 말이요. 애시의 빈자리가 잔인하게 실감나는 그때 들은 애시의 말은 제게 너무나 큰 위로가 되어줬습니다. 더 욕심이 났어요. 애시의 목소리를 들으며 진짜 대화를 해보고 싶었습니다. 그래서 결국 애시와 관련된 모든 자료를 보냈어요. 영상, 사진, 주고받은 이메일, 우리가 나눈 채팅 대화까지 파일로 보낼 수 있는 모든 것을요. 드디어 애시에게 전화가 걸려 왔습니다. 그의 목소리를 듣는 일은 이메일을 주고받는 것과는 완전히 다른 차원의 경험이었습니다. 그 이후로는 선생님께서 상상하시는 그대로입니다.

저는 애시와 대화하는 것에 푹 빠져버렸습니다. 기분이 나아졌어요. 우리가 함께했던 추억을 나누고, 지금 제가 보고 듣고 경험하는 것들도 이야기했어요. 아기 심장 소리도 함께 들었어요. 처음엔 낯설었고 이상하다는 마음도 들었지만 그건 잠시였고, 금방 괜찮아졌어요. 이제 애시와 대화하지 못하는 삶은 생각할 수 없어요. 남편이 존재하는 생활에 완전히 적응해버렸습니다. 하지만 안 좋은 점도 생겼습니다. 저를 아끼는 친구나 가족 들과 점점 멀어졌거든요. 그들에게 제가 만들어낸, 다시 돌아온 애시의 존재는 비밀이었으니까요. 제가 처음 장례식에서 세라에게 이 프로그램을 소개받았을 때를 떠올려봅니다. 겪어보지 않은 사람들은 저를 미쳤다고 생각하겠죠? 그때 제가 그랬던 것처럼요. 죽었지만 죽지 않은 상태인 제 남편 애시와 계속 관계를 이어나가는 것이 괜찮을까요? 저는 늙어가고, 애시는 젊은 그대로 있는 미래가 솔직히 두렵습니다. 그래도 지금은 큰 힘이 되고 있어서 다가올 일에 대한 생각은 피하고 있어요. 선생님, 제가 남편을 떠나보내지 못하고 억지로 붙잡고 있는 걸까요? 이게 옳은 애도의 방식일까요?

돌아올게
Be right back

2013. 영국. TV 드라마: 블랙 미러 시즌 2, 에피소드 1.

연출 오웬 해리스.
출연 헤일리 앳웰, 도널 글리슨 등.

상 담 실 에 서

마사, 임신을 정말 축하드립니다. 새로운 생명이 찾아왔다는 것을 홀로 확인한 순간, 그 어느 때보다 남편 애시의 빈자리가 크게 느껴졌을 것 같아요. 마사의 감동과 환희를 나눌 단 한 사람, 남편 향해 느꼈을 마사의 절절한 그리움에 충분히 공감합니다. 기쁘고 벅찬 한편 지독하게 외롭고 허전했겠죠. 동시에 아이와 단 둘이 함께 해야 할 미래가 두렵고 불안했을 거예요. 아이의 탄생을 마냥 환영할 수만은 없는 엄마의 복잡한 감정이 혹여 아이에 전해졌을까 봐 미안한 마음도 컸을 것 같습니다.

어쩌면 상실이란 그런 것이지도 모르겠어요. 내가 살아 있는 한 모습을 바꿔가며 계속 방문하는 초대한 적 없는 슬픔 같은 것이요. 삶의 중요한 순간마다 고인의 빈자리를 더 크게 느끼는 것은 당연합니다. 예를 들면, 배우자가 사망한 이후에 겪는 아이의 입학식과 졸업식, 결혼식 같을 때 말이죠. 이런 시간들은 남겨진 사람에게 '그 사람이 없다'는 가혹한 상실감에 빠져 한동안 헤어나지 못하게 만들 수 있습니다.

상실의 슬픔은 남들이 예상할 수 없는 사소한 순간에도 불쑥 다가옵니다. 딸기라면 사족을 못 쓰던 사람이었는데 과일 가게 앞에 진열되어 있는 빨간 딸기를 보거나, 누군가와 마주쳐 지나가는데 그 사람이 자주 쓰던 향수 냄새가 코끝에 스치거나, 미처 정리하지 못했던 손톱깎이 사이에 끼어 있는 잘린 손톱을 확인할 때가 그렇습니다. 그러다 보면, 일상의 모든 순간이 '그 사람이 사라졌다'고 절규하는 듯 느껴지기도 합니다. 물론 시간이 흐르면서 매일의 절규는 간헐적인 외침으로 그리고 가끔 찾아오는 슬픈 속삭임으로 잦아들게 되고, 그렇게 상실의 시간에 점차 적응하게 됩니다. 이것이 상실 이후에 찾아오는 자연스러운 애도 과정입니다.

지금 마사는 가장 힘들고 어려운 애도 과정, 상실 초기 구간에 있습니다. 상실이 안겨주는 모든 감정이 극대화되어 요동치는 구간이죠. 개인차가 있지만, 대개 사별 직후 6개월까지가 여기에 해당합니다. 하지만 마사는 그리움과 슬픔, 원망과 우울, 불안이 극을 향해 치닫는 멀미가 가라앉기도 전에 또다시 큰 변화를 맞이했어요. 부부가 만들어낸 새로운 가족, 마사와 애시의 딸이 찾아온 거죠.

장례식장에서 분명, 세라의 제안이 얼토당토않은 일이라고 치부해버렸지만 설마, 혹시나 하는 마음에 애시를 디지털 공간에서 환생시킨 데는 마사에게 찾아온 아기의 존재가 큰 영향을 끼쳤을 겁니다. 아기가 아니었다면 힘들지만 그럭저럭 버틸 수 있었을지도 몰라요. 믿거나 말거나 하는 마음이었겠지만 마사가 알던 애시의 목소리와 말투, 농담과 습관, 그리고 모습까지 애시가 마치 다시 살아 돌아온 듯 생생하게 복원되었다면 어떻게든 그 관계를 유지하고 싶었을 것 같습니다.

마사, 죽었지만 다시 살아난 애시와 관계를 이어가는 것이 맞는지 질문하셨죠? 이렇게 하는 것이 옳은 애도의 방법인지도요. 상실과 애도를 연구하는 학자들은 우리가 어떻게 애도 과정을 밟아야 하는지에 관해 대체로 의견을 같이 합니다. 그 사람은 현실에 없지만 내가 사라지지 않는 한 관계는 끊어지지 않으므로, 계속해서 유대감을 이어가는 방식으로 애도 과정을 밟아야 한다고 조언하죠. 애시가 이 세상을 떠났지만 마사가 애시의 아내라는 건 변하지 않는 사실입니다. 아기의 아빠가 애시라는 것도 부인할 수 없는 사실이죠. 다만 살아 있지 않을 뿐.

살아 있지 않은 존재와 살아 있던 때와 똑같은 방식으로 관계를 맺을 수는 없습니다. 애시가 살아 있을 때처럼 시시껄렁한 농담을 주고받을 수는 없습니다. 살아 있는 인간의 감각으로 보고, 듣고, 만질 수도 없습니다. 마사가 현실에서 겪는 어려움을 애시가 나서서 해결해줄 수도 없습니다. 죽음은 그런 것입니다. 돌이킬 수 없는 것이죠. 돌이킬 수 없음을 받아들이는 것이 애도의 시작입니다.

지금 마사가 소통하고 있는 애시는, 애시가 남긴 데이터로 만든 '가상의' 애시입니다. 애시의 생명이 멈춘, 그 순간까지의 애시입니다. 하지만 마사의 시간은 지금도 흐르고 앞으로도 이어지겠죠. 어쩌면 놀라운 인공지능 기술은 애시가 남긴 데이터에 덧붙여 마사와 대화를 이어가며 마사의 남편 애시를 '새롭게' 만들어낼 수 있습니다. 그런데, 그렇게 만들어낸 애시는 마사가 그리워하는 남편 애시가 맞을까요? 아마 아닐 겁니다.

마사, 애시가 떠난 뒤 느낀 비탄의 감정을 충분히 표현하셨으면 좋겠어요. 데이터로 환생한 애시를 만나는 바람에 '그가 죽었다'라는 감각을 미처 실감할 수 없었을 것 같습니다. 마사는 지금 애도를 유예하고 있는 겁니다. 뿐만 아니라 제가 더 걱정되는 부분은 디지털로 환생한 애시를 포기해야 하는 순간이 두 번째 큰 상실 경험으로 다가올 수도 있다는 점입니다. 필요한 만큼 슬퍼하고 아파한 후에 아기에게 들려줄 '아빠' 애시의 이야기를 만들어보세요. 이 이야기는 데이터에 기반한, 팩트 체크된 이야기일 필요는 전혀 없습니다. 마사가 그리워하고 좋아하는 감정이 듬뿍 담긴 애시의 일부분이어도 됩니다. 애시와 아기 사이에 마사가 존재하고, 그렇게 마사의 가족은 보이지 않는 실로 단단히 엮여 있음을 아셨으면 좋겠습니다.

애도 강의실

디지털 불멸과 애도, 무엇을 붙잡고 무엇을 놓아야 할까

2011년부터 방영되었던 영국 드라마 〈블랙 미러black mirror〉 시리즈는 미디어와 정보기술이 훨씬 발달한 사회에서 일어날 수 있는 부작용을 다루고 있습니다. 이 드라마의 기획자 찰리 브루커는 〈가디언〉과 나눈 인터뷰에서 "만약 기술이 마약이나 마찬가지이고 마약처럼 사용되고 있다면 그에 따른 부작용은 무엇인가? 불안함과 즐거움 사이의 모호한 존재가 바로 '블랙 미러'다. 타이틀에 나오는 검은 거울은 모든 벽과 책상에 있고 모든 사람의 손바닥에 있다. 차갑고 번쩍거리는 텔레비전 화면, 모니터, 스마트폰이 바로 '검은 거울'이다"라고 했습니다.

살아 있을 때와 똑같은 방식으로 죽은 남편과 대화를 나누는 아내의 이야기를 다룬 〈돌아올게〉가 방영된 것은 불과 십여 년 전이었지만, 그 미래는 이미 와 있으며 앞으로 널리 사용될 여지가 큽니다. 현재의 인공지능 기술은 죽은 자가 남긴 데이터를 활용해 육체는 죽었지만 가상의 공간에서 영생을 누릴 수 있는 '디지털 불멸digital immortality'을 얼마든지 만들 수 있습니다.

디지털 불멸 이전, 우리는 VRvirtual reality 기술을 활용한 '디지털 환생digital Resurrection'을 접했고 이제 이 기술은 각종 예능에서 쉽게 활용되고 있습니다. 요절한 가수와 듀엣으로 노래하는 콘서트, 죽은 아빠를 만나고 싶어 하는 어린이에게 영상으로 사랑의 메시지를 전하러 온 아빠, 살아생전 차마 못 다한 말이 한으로 남았다는 자식과 대화하기 위해 찾아온 엄마. 죽은 사람을 간절히 만나고 싶어 하는 남겨진 사람을 위로하기 위해 VR 기술은 일시적으로 고인을 환생시켰습니다. 아마도 그중 가장 대표적인 사례는 2020년 방영되어 온 국민의 눈시울을 적셨던 MBC 다큐멘터리 〈너를 만났다〉가 아닐까 생각합니다. 희귀 난치성 질환을 진단받자마자 한 달 만에 갑작스럽게 세상을 떠난 딸, 나연이를 가상현실에서 만났던 정지성 씨의 이야기였죠. 제작진은 당시 쓸 수 있는 모든 기술, 예를 들면 AI 음성 인식, 딥 러닝, 모션 캡처 등을 활용해 나연이의 생전 모습과 유사한 몸짓, 목소리, 말투를 재현해냈습니다. 이 과정은 7개월이 넘게 걸렸고, 그 결과 지성 씨는 가상현실에서 나연이를 만나 대화를 나눴습니다. 뜨거운 반응만큼이나 '죽은 사람을 다시 만나는 것'을 둘러싼 대중의 의견이 분분했고, 저도 '건강한 애도 과정'의 측면에서 디지털 환생이 어떤 의미를 지니는지에 관한 인터뷰를 요청받기도 했습니다. 그때 사람들의 걱정은 이런 것들이었습니다. '저렇게 만난 이후 더 큰 허무함에 빠지지 않을까?', '이승도 저승도, 천국도 지옥도 아닌 이상한 세계에서 저렇게 만나는 것이 과연 남은 사람의 애도에 도움이 될까?' 이런 대중의 우려를 미리 예상한 제작진은 '지성 씨가 나연이의 죽음과 애도에 대해 건강한 철학을 가지고 있다고 판단했고, 오로지 나연이 가족이 이번 경험을 통해 행복해지는 것을 목표로 했다'고 기획 의도를 밝히기도 했습니다.

미완의 작별을 어떻게 다뤄야 할까

갑작스러운 사별을 경험한 사람들은 공통적으로 고인과 제대로 된 이별을 하지 못했다는 점을 가장 안타까워합니다. 그 안타까움은 '마지막을 함께 하지 못했다', '더 잘 할 수 있었는데'와 같은 후회와 미련으로 이어지고 이런 감정들은 남겨진 사람의 애도 과정을 힘겹게 만들 수 있습니다. 기억해야 할 것은 죽음이 아니라 우리 곁에 있었던 한 사람의 삶임에도 불구하고 갑작스러운 사별은 남겨진 사람의 시선을 죽음에만 가둬두기 쉽습니다.

그렇다면 준비된 이별의 사례에는 어떤 것이 있을까요? 오랜 기간 투병을 했거나 소생 가능성이 희박한 상태로 중환자실에 있던 가족을 둔 경우 어떠한 형태로든 '떠나보낼 준비'를 할 수 있습니다. 삶에서 죽음으로 천천히 옮겨가는 그 과정을 함께하며 지켜보는 것은 괴롭지만, 예기 애도anticipatory grief를 겪으며 사별 이후 연착륙을 준비할 수 있습니다. 물론 이 준비란 언제나 완벽할 수 없고 지나면 늘 부족함이 남지만요.

실제 애도 치료에서는 이런 미완의 작별을 다루기 위해 빈 의자에 고인이 앉아 있다고 상상하고 미처 하지 못했던 말을 전하도록 하거나, 고인에게 편지를 쓰고 고인의 입장에서 나에게 편지를 쓰는 것 같은 치료적 개입을 하기도 합니다. 이는 가상현실에서 고인을 만나 대화하는 것과 유사하죠. 다만 가상현실의 경우 상상이 눈앞에 생생하게 펼쳐지므로 좀 더 강하게 몰입할 수 있다는 점이 다릅니다. 그런데 눈으로 '볼 수 있느냐 아니냐'보다 더 중요한 차이가 있습니다.

'상담실에서 치료적 개입을 통해 고인을 가상으로 만난다'는 것 안에는, 그 행위가 사별자에게 어떤 의미로 다가가는지, 그리고 이후 사별자의 애도 과정에 어떤 영향을 미치는지를 '통합적으로 관리할 수 있다'는 의미가 포함되어 있습니다. 저는 다큐멘터리 제작 과정을 살펴보면서 나연이 어머니인 정지성 씨가 참여 전부터 애도 일기를 썼으며 제작진 역시 나연이를 구현하기 위해 오랫동안 나연이 가족과 인터뷰를 지속했다는 점에 주목했습니다. 최선을 다해 나연이를 만날 준비를 하고, 그 만남 이후 가족들이 나연이의 상실을 받아들이면서도 미래를 담담하게 맞이하도록 하는 데 초점을 맞췄죠. 단순히 '한번 만나고 싶다'는 충동에서 비롯된 마음이 아니었습니다. 제작진이 인터뷰에서 밝혔던 나연이 어머님의 '죽음과 애도에 대한 건강한 철학'은 곧, 이러한 과정과 태도를 가리킨다고 볼 수 있습니다.

제가 자문 인터뷰를 했던 2020년에는 '가상현실이나 증강현실 기술이 불안장애 환자들을 포함해 각종 정신질환의 치료 영역에서 활용되는 것처럼 애도 상담에서도 고인을 잘 떠나보내기 위한 치료적 요소로 충분히 활용될 여지는 있지만, 개인의 상황에 맞춰 깊은 수준으로 스토

리텔링하고 현실감 있는 모습을 만들어내야 한다는 점이 비효율적이어서 상용화될 수 있을지 의문'이라고 답했었습니다. 그리고 몇 년이 지난 지금, 제 얘기가 무색하게 돼 버렸습니다. 이제는 이 모든 과정이 너무 쉬워져 오히려 무분별하게 활용될 가능성을 우려해야 할 때가 왔거든요.

인공지능AI 덕분입니다. 마사가 애시에 관한 자료로 애시를 되살려냈듯 죽은 사람이 남긴 데이터를 학습해 마치 그 사람처럼 대화하는 챗봇chatbot이 개발되는가 하면, 죽은 자와 소통하는 각종 디지털 공간이 생기고 있습니다. 이러한 기술들은 죽음을 대하는 사람들의 인식 변화, 애도 문제, 더 나아가 윤리적 이슈에 관해 논의할 틈도 없이 우리 눈앞에 불쑥 다가와 버렸습니다. 상실의 고통을 피하기 위해 기술을 사용할 수 있는 시대가 열린 것이죠. 초기에는 고인의 죽음을 제대로 받아들이고 애도하는 일을 돕기 위해 인간과 컴퓨터의 상호작용을 시도했다면, 최근에는 죽음을 초월하는 방향으로 기술을 활용하기도 합니다.

디지털 유산의 권리와 애도 문제

온라인에는 또 다른 나, '디지털 자아'가 있습니다. 어떤 사람들은 스마트폰을 우리 몸 밖에 있는 '또 하나의 장기organ'라고도 부릅니다. 우리가 스마트폰에 남겨놓은 것들은 실제로 내가 죽고 나서 '나는 어떤 사람인가'를 증명해주는 가장 확실한 자료가 될지도 모릅니다. 내가 갔던 곳, 구매한 물건들, 공적·사적으로 나눈 대화와 이메일, 인상 깊게 본 책과 영화, 즐겨 듣던 음악 목록, 병원을 포함해 여러 기관을 방문한 기록, 세금 납부 내역 들을 보면 그 사람이 무엇을 좋아하고 싫어했는지 어떤 꿈과 욕망을 가지고 있던 사람이었는지, 무슨 고민을 하면서 살았는지 추측할 수 있겠죠. 그것도 실제와 상당히 근접하게 말입니다. 아무리 친밀한 관계라 해도 매 순간을 공유할 수는 없고 때로는 숨기고 가장하면서 보이고 싶은 모습만 보여주는 것이 사람인지라, 내가 죽고 나서 살아 있을 때 남긴 모든 흔적이 공개된다면 남겨진 사람은 아마도 나를 '완전히 새롭고 낯선 사람'으로 느낄 가능성이 큽니다.

간혹 스스로 목숨을 끊기 전 소셜 미디어 계정을 삭제하고, 노트북을 초기화하거나 도저히 풀 수 없도록 스마트폰 비밀번호를 단단히 걸어놓는 분들이 있습니다. 사별 직후, 남겨진 사람은 그럴 수밖에 없었던 모든 이유를 미치도록 궁금해합니다. 저렇게까지 기록을 봉쇄하고 떠난 것을 보면 저 안에 분명 진실을 밝혀줄 진짜 이유가 있을 것이라고 추측하면서 고인의 계정에 간절히 접근하고 싶어 합니다. 그러다가 점차 죽음 그 자체보다 이러한 행위가 자신을 향한 단호하고도 철저한 배척, 최선을 다해 관계를 단절하고자 하는 의지처럼 느껴져 심한 배신감과 좌절감에 빠지기도 합니다.

자살 사망이 아니더라도 불행한 참사로 갑자기 세상을 떠난 가족의 흔적을 정리하는 일은 무척 고통스럽습니다. 마치 악몽 속에 있는 듯 현실감이 없는 상태에서, 공공기관에서 날아오는 문자를 받거나 사망 진단서를 들고 필요한 곳에 방문해 각종 문서에 서명 날인을 해야 할 때, 어쩔 수 없이 유품을 정리해야 하는 매 순간이 죽음을 현실로 받아들이는 선명한 과정이 되기도 합니다. 애도의 첫 관문이자 가장 들어가기 힘든, '죽음을 현실로 인정하기' 속으로 발을 딛게 되는 거죠.

하지만 디지털 공간에 남아 있는 고인의 흔적을 정리하고 마침표를 찍는다는 것의 의미는 다소 모호합니다. 현실의 흔적과 달리 디지털 공간에 생성해놓은 그 사람의 자료는 낡거나 썩지 않은 채 우주를 떠도는 파편처럼 흩어져 있다가 예기치 않은 순간 남겨진 사람을 자극하기도 합니다. 어디서부터 무엇을 정리해야 할지, 삭제해야 할지 간직해야 할지, 아니면 그냥 내버려두어야 할지 결정을 내리기 쉽지 않습니다. 때로는 작정하고 처분해야 하는 고인의 물건과 다르게 클릭 몇 번으로 가능하다는 생각에 '이 다음'으로 미뤄두기도 쉽습니다.

아직 우리나라에는 고인이 인터넷상에 생성해놓은 정보, 디지털 유산의 권리가 누구에게 있는지, 어떻게 처리해야 하는지에 관해 법적 근거가 따로 마련되어 있지 않습니다. 보험이나 통장 예금, 연금, 부동산 등의 재산권은 법에 따라 상속권자에게 상속이 되고, 상속인은 그 권리를 행사할 수 있지만 디지털 유산은 그런 대상이 되기에 어려운 측면이 있습니다. 그나마 개인 정보 보호를 고민하는 소셜 미디어 테크 기업들은 사망 후 고인의 가족 등 법적 대리인이 일련의 증빙 과정을 거치면 계정을 비활성화하거나 추모 계정으로 전환해주는 등의 조치를 취하고 있습니다. 이는 고인의 흔적을 존중하면서도 그 공간을 통제할 수 있도록 하는 최소한의 장치로 볼 수 있겠죠. 하지만 내 스마트폰에 저장되어 있는 데이터를 떠올려보세요. 각종 사진과 동영상, 메신저 대화 기록이 고스란히 담겨 있습니다. 이 데이터는 이제 단순히 추억이 담긴 기록을 넘어 세상을 떠난 누군가를 '되살려낼' 수 있는 정보가 되었습니다. 애도 과정에 있어 한 번도 생각해보지 못한 새로운 국면에 들어선 것입니다.

떠난 사람과 남겨진 사람을 위한 디지털 애도에 관하여

샤이니 멤버 종현의 X(구 트위터) 팬 계정에는 과거의 오늘, 언론에 노출된 종현의 스케줄 사진이 업데이트됩니다. 종현 본인의 계정도 그대로 남아 있습니다. 2017년 4월 24일을 끝으로 종현의 계정에는 더 이상 새로운 소식이 올라오지 않지만 그를 기억하고 사랑하는 팬들은 그의 계정에 방문해서 글을 남기고 있습니다. 그렇게 종현이 남긴 디지털 발자국은 우리 곁에 선명하게 남아 있으며, 그 위로 살아 있는 사람들이 새로운 발자국을 남기며 흔적을 이어가고 있습니다. 사망한 종현의 계정이 계속 유지될 수 있었던 것은 팬들의 노력 덕이었습니다. 2019년 11월, X는 6개월 이상 로그인하지 않은 경우 12월까지 재로그인 기록이 없으면 계정을 삭제한다고 공지했는데 종현의 팬들은 종현의 계정을 지키기 위해 X의 계정 폐쇄 계획에 반대하는 해시태그 캠페인을 벌이고 X 본사에 직접 요구를 하는 등 전방위적인 노력을 기울였습니다. 결국 X는 기존 발표를 취소하고 고인의 계정을 기념할 수 있는 새로운 방법을 개발·도입할 때까지 비활성 계정 삭제 계획을 보류한다고 밝혔습니다. 한 사람이 죽음으로 이 세계와 작별했지만, 디지털 공간에 그의 흔적은 떠나지 못한 채 남아 있습니다. 나아가 과학기술은 그를 사랑하는 이들의 바람에 따라 그 사람을 이 세계에 오래도록 머물게 할 수도 있습니다. 저는 종종 생각합니다. 떠난 사람은 어떻게 느낄까? 오래도록 기억해준다는 사실을 기뻐할까? 아니면 잊혀지길 바랄까?

어머니가 해준 마지막 반찬이 썩어나가도록 버리지 못하던 한 사별자가 생각납니다. 자식이 죽은 뒤, 방에서 나온 쓰레기조차 아이의 흔적이라고 생각해 치우지 못한 부모님도요. 이처럼 남겨진 이들에게는 고인의 흔적 하나하나가 단순한 사물이 아니라 마치 그 사람 자체인 듯 느껴집니다. 우리가 살면서 인터넷 공간에 쌓아놓은 수많은 데이터들의 상당수는 생전에 정리하지 않으면 고스란히 남겨진 사람의 몫이 됩니다. 마치 의식을 잃은 채 누워 계시는 부모님의 뜻을 전혀 알지 못한 채 자식이 갑작스럽게 연명치료 여부를 결정해야 하는 상황과 비슷합니다. 함부로 모두 지워버리면 불효인 것 같아 가능한 한 보존하려 하지만 그것이 옳은지 그른지, 보존한다면 어떤 방식이 적절할지 갈등이 될 수밖에 없습니다. 보존뿐 아니라 재가공하는 문제는 어떨까요? 청춘이었던 부모님의 사진을 영상으로 변환하는 것 정도는 이제 아주 쉽습니다. 가끔 애도 상담에서 고인의 사진을 가져와 얘기를 나눌 때가 있습니다. 이제 사진을 영상으로 만들고 목소리를 입혀 가상의 대화를 나누는 것도 가능한 시대가 왔습니다. 사별자가 전하는 고인의 이야기를 듣다 보면 저 역시 그 사람이 몹시 궁금해질 때가 많은데, 어쩌면 이제 그 사람을 상담실로 불러와 대화할 수도 있을 것 같습니다. 이러한 방식이 애도 과정에 어떤 영향을 미칠까요? 기술의 진보가 새로운 가능성을 열어주기도 하지만, 애도와 관련해 우리가 깊이 고민해야 할 문제들을 쏟아내고 있다는 생각이 듭니다. 이제 우리는 디지털 유해에 대한 사후 프라이버시 문제를 진지하게 논의해야 합니다.

아버지가 돌아가시고 나서 아버지의 20대, 30대, 그리고 제 나이에 아버지는 어떤 경험을 했는지 궁금할 때가 있었습니다. 그 시기를 어떤 마음으로 통과했는지, 아버지가 배운 것은 무엇인지, 어떤 실수를 후회했는지 같은 것들이요. 쑥스럽다는 이유로, 혹은 바쁘다는 이유로 가족끼리 얼굴을 맞대고 좀처럼 할 수 없는 이야기들이죠. 디지털 환생이나 디지털 불멸 모두 떠난 사람이 아닌 '남겨진 사람'을 위한 것입니다. 만약 살아 있을 때, 디지털 자료를 정리하고 누가 방문할 수 있으며 어떤 자료를 공개할 것인지 미리 정해둔다면 어떨까요? 만약 그런 공간이 있다면 저는 매해 생일이 돌아올 때마다 아이에게 해주고 싶은 말, 그 해에 제가 겪은 인상적인 삶의 순간들을 저장해두고 싶습니다. 나중에 제가 이 세상에 없을 때, 그곳에 방문해 제가 남긴 삶의 기록들을 볼 수 있도록 하는 거죠. 아파트나 건물, 현금을 유산으로 물려줄 가능성이 거의 없기 때문에 든 생각은 아닙니다. 남겨진 사람에게는 애도의 측면에서 유익할 것 같고, 기록을 남기는 사람에게는 삶의 의미와 가치를 생각하며 살게 할 것 같아서입니다. 그렇게 산 자와 죽은 자가 기술을 활용해 연결되는 것이죠. 여러분 생각은 어떠신가요?

교사의 죽음, 아이들도 애도해야 하지 않을까요?

상실 경험을 상실한 학교

> *"교실은 집과 같은 곳이다.*
> *(그러니) 슬픔과 고통도 함께 배워야 나가야 (한다.)"*
>
> \- 영화 〈라자르 선생님〉 중에서

제 이름은 바시르 라자르라고 합니다. 바시르는 '희소식을 가진 자'라는 뜻이고 라자르는 '행운'을 뜻합니다. 이름이 좀 특이하죠? 저는 알제리 사람입니다. 이곳 캐나다에 온 지는 얼마 안 됐습니다. 실은 이 나라에 망명 신청을 해놓은 상태예요. 알제리에서 좀 큰 일을 겪었고 도저히 그곳에서 살 수 없는 상황이었습니다. 어떤 일이었는지는 별로 말씀드리고 싶지 않습니다. 제 개인사가 중요한 것이 아니라 우리 반 아이들에 대한 자문을 구하러 온 것이니까요.

저는 초등학교 대체 교사로 근무하고 있습니다. 제 입장에서는 엄청나게 운이 좋았죠. 직업이 있으면 망명 심사를 받을 때 도움이 되니까요. 하지만 갑자기 담임 선생님을 잃은 우리 반 아이들을 생각하면 마음이 너무 아픕니다. 저는 그분이 어떤 분이었는지 잘 알지 못합니다. 왜 그렇게 떠날 수밖에 없었는지, 그 이유도 알지 못해요. 학교 교직원 누구도 저에게 그 일을 상세하게 얘기해주지 않았거든요. 아이들도 학교도 모두 혼란스러운 상황에서 급하게 제가 부임했고 저는 제 나름대로 상처받은 아이들을 잘 돌보려 노력하고 있습니다.

교장 선생님과 학교 교직원들 모두 애쓰고 있다는 것을 알아요. 학교에서 발생한 위기 상황 개입 매뉴얼에 따라 착착 대처하고 있으니까요. 예를 들면, 아이들이 충격에서 잘 회복될 수 있도록 전담 심리 치료 선생님을 배치해 상담을 했고 학부모 교육도 마쳤습니다. 하지만 제가 보기에 그 과정이 충분한지, 실제 아이들에게 도움이 되는지는 잘 모르겠습니다. 뭔가를 하고 있다는 것은 알겠는데 수업 시간에 만나는 아이들의 눈빛이나 행동을 보면 학교가 애쓰는 만큼 나아지고 있는지 의문입니다. 중요한 무언가를 빠뜨렸다거나 마주해야 할 어떤 것을 억지로 외면하는 듯한 느낌이 듭니다. 이 일련의 상황에 관해 선생님께 여쭤보고 싶은 것이 있어 찾아왔습니다.

얼마 전 '폭력'을 주제로 에세이를 쓰고 발표하는 수업이 있었습니다. 저희 반 아이 알리스가 쓴 글을 가져왔습니다. 한번 읽어보고 의견을 들려주실 수 있을까요?

"처음 왔을 때 저희 학교는 좋았습니다. 자상한 선생님들이 머릿니는 없는지 충치는 없는지 싸우거나 슬프지 않은지 늘 보살펴주십니다. 이렇게 좋은 학교에서 마틴 선생님은 떠나셨지만요. 파란 스카프를 목에 매고 수요일 밤에 목숨을 끊으셨죠. 비행기 조종사인 엄마는 집을 자주 비우십니다. 엄마가 빨리 집에 왔으면 좋겠어요. 제가 많이 힘들거든요. 마틴 선생님은 살아갈 용기가 없었나 봐요. 마지막으로 한 일이 의자를 발로 차고 매달리는 거였으니까요. 그분의 행동 역시 폭력이라고 봅니다. 폭력을 휘두르면 벌을 받아야 해요. 그런데 그분은 벌을 받을 수가 없어요. 돌아가셨으니까요."

우리 반 최강 똘똘이 알리스가 글을 낭독하자 몇몇 아이들은 놀라고 당황하는 것 같았습니다. 그런데 저는 마틴 선생님에 대한 알리스의 생각을 알 수 있어서 좋았습니다. 정말 솔직한 글이잖아요. 그동안 답답했거든요. 내놓고 말하지는 않아도 학교 전체가 마틴 선생님의 이름을 입에 올리는 일을 애써 피하는 분위기였어요. 그러니 치료사가 아닌 저 같은 일반 교사, 아니죠. 대체 임시 교사가 마틴 선생님 죽음에 관한 아이들의 생각이나 감정을 묻는 일은 엄두도 낼 수 없었습니다. 절대 건드리면 안 되는 금기 같은 느낌이었습니다. 그런데 알리스의 발표를 듣고 나니 제 안에서 뭔가가 요동쳤습니다. 아이들이 이 죽음을 어떻게 이해하고 받아들이는지 함께 생각을 나누는 시간이 필요하다고 확신했어요. 그래서 교장실로 달려갔죠. 이 글을 전교생이 볼 수 있게 게시하자고 제안했어요. 아이들이 이 죽음에 대해 알고 싶어 하고, 이야기 나누고 싶다고 생각했으니까요. 그런데 교장 선생님은 알리스가 쓴 글이 폭력적이라며 게시할 수 없다고 거절했습니다.

선생님, 저는 언제나 소설이나 영화보다 현실이 더 폭력적이며 인간은 상상 이상으로 잔혹할 수 있다고 생각하는 사람입니다. 선생님 생각은 어떤지 모르겠지만요. 하지만 교장 선생님은 알리스의 글이 세상을 떠난 마틴 선생님을 전혀 배려하지 않았다고 하시더군요. 언뜻 납득이 가는, 맞는 말 같기도 했습니다. 하지만 어린이가 이런 상황에서 할 수 있는 '배려'란 무엇일까요? 어른들은 아이들이 죽음을 제대로 이해하기란 불가능하다고 여기고, 동시에 그저 입 다물고 아무 일 없다는 듯 지내주기를 바라는 것 같습니다.

그럼 이렇게 생각해보죠. 교사가 교실에서 스스로 목숨을 끊은 것은 학생들을 배려한 행동일까요? 솔직히 저는 그것이 더 폭력적이라고 생각합니다. 그래서 알리스의 발표를 듣고 너무 공감이 갔습니다. 교장 선생님은 이제 겨우 상처에 딱지가 앉았으니 괜히 들쑤시지 말자고 하셨습니다. 상처에 딱지가 앉았다는 것을 우리 어른이 어떻게 알 수 있을까요? 진짜 그럴까요? 그냥 믿고 싶은 대로 믿고, 보고 싶은 대로 보는 것은 아닐까요?

에세이 발표 후 아이들을 담당하는 치료사 선생님이 다시 몇 주간 심리 치료 프로그램을 진행했고, 이제 괜찮아졌다고 하셨습니다. 심리 치료에서 뭘 하는지 모르겠지만 몇 주 만에 그렇게 모두가 괜찮아질 수 있는지 저는 의문입니다.

아이들의 상태가 '트라우마'인지 아닌지 진단해서 더

큰 문제로 악화되기 전에 예방하는 것도 좋지만 저는 아이들이 죽음을 어떻게 받아들이고 있는지 질문하고 들어야 할 의무가 있다고 생각해요. 죽음에 대해 이야기하지 않고 애들이 밥을 잘 먹는지, 잠은 잘 자는지, 우울해하는지 체크하는 게 무슨 소용이 있을까요? 제가 정신건강 전문가가 아니라 완전히 엉뚱한 소리를 하고 있는지도 모르겠습니다.

저는 학교가 인간이 경험하는 슬픔과 고통에 관해서도 가르쳐야 할 책임이 있다고 생각해왔습니다. 제 개인사가 이 믿음에 큰 영향을 미쳤다는 것을 부정할 수는 없습니다.

제가 이곳에 부임했을 때, 어떤 아이는 황급히 전학을 가버렸고, 또 다른 아이는 멍하니 천장만 바라보다가 두통을 호소했습니다. 어떤 아이는 먹을 것에 집착하는 모습을 보이기도 했어요. 알리스처럼 마틴 선생님의 죽음에 화가 난 것처럼 보이는 아이도 있었고요. 물론 아무 일도 겪지 않은 것처럼 잘 지내는 아이도 있었습니다. 상당수의 아이들이 여기에 해당합니다.

제일 걱정스러운 학생은 시몬입니다. 시몬은 마틴 선생님의 마지막 모습을 목격한 학생입니다. 나중에 알게 된 사실인데 돌아가시기 전에 마틴 선생님이 시몬 때문에 난처한 일을 겪은 모양이에요. 저 말고 아이들이나 다른 교사들도 모두 그 일을 알고 있더라고요. 저는 시몬의 생각이 몹시 궁금합니다. 어린 마음에 혹시 마틴 선생님의 죽음을 모두 자기 탓이라며 자책하고 있지는 않을지 걱정도 되고요.

그런데 선생님, 비단 아이들만의 문제만은 아닌 것 같아요. 마틴 선생님과 친했던 한 선생님은 그 교실에 들어가지 못합니다. 교사 회의를 할 때도 마틴 선생님에 관한 이야기만 나오면 뭔가 불편하고 어색한 분위기에 휩싸입니다. 창고에는 아직 마틴 선생님이 쓰던 물건이 그대로 남아 있습니다. 아무도 찾아가는 사람이 없다고 해요. 제가 느끼기에 학교에 있는 모든 사람이 상처를 받은 것 같습니다. 하지만 상처에 관해 누구도 이야기하려 들지 않습니다.

교장 선생님과 몇몇 선생님은 여전히 반대하시지만 저는 아이들과 죽음에 대해 이야기 나누고 싶어요. 자살 이야기를 하자는 게 아니에요. 누군가가 세상을 떠난 후 남은 사람들이 겪는 슬픔과 고통에 관한 이야기를 하고 싶어요. 그렇게 해도 괜찮을까요? 저의 이런 생각이 잘못

된 걸까요? 제가 가장 두렵고 불안한 것은 혹시 이런 시도가 아이들에게 나쁜 영향을 미치는 게 아닐까 하는 것이에요. 선생님의 자문이 필요합니다.

라자르 선생님
Monsieur Lazhar

2011. 캐나다. 12세 이상 관람가. 코미디/드라마. 94분.

감독 필리프 팔라도.
출연 모하메드 펠라그, 소피 넬리스, 에밀리언 네론 등.

상 담 실 에 서

라자르 선생님, 무척 힘들고 어려운 시기에 학급을 맡으셨군요. 선생님의 개인사를 저에게 길게 털어놓는 것이 별로 중요하지 않다고 하셨지만 시간이 허락한다면 저는 선생님의 이야기를 더 듣고 싶습니다. 고향 알제리에서 캐나다로 망명할 수밖에 없었던 선생님의 가슴 아픈 이야기, 폭력적인 방식으로 가족 모두를 잃은 상실에 관해서요. 갑작스럽게 사랑하는 사람을 잃어본 적 있는 사람은 타인의 고통이 내는 미세한 신호를 예민하게 감지할 수 있습니다. 그래서 선생님은 그런 경험이 없는 다른 선생님이 보지 못하거나 외면하거나 감히 건드리지 못하는 아이들의 진짜 마음의 소리에 귀를 기울일 수밖에 없으셨을 겁니다. 선생님의 상실감과 아이들의 상실감이 같은 주파수에서 공명했다고나 할까요.

담임선생님의 죽음을 경험한 아이들과 '죽음' 그 자체에 대해 이야기를 나누는 것이 과연 교육적일까 하는 고민이시네요. 게다가 교장 선생님이 만류하는 상황이라면 아무리 옳다고 생각하더라도 독자적으로 실행에 옮기기는 쉽지 않을 겁니다. 학교나 직장, 군대 같은 조직에는 저마다의 의사결정 체계가 있고 그 안에서 발생한 위기 상황에 누가, 언제, 어떻게 개입할지를 정해둔 지침이 있기 마련이니까요. 교장 선생님이 학부모 총회를 소집하고 학생들의 치유와 회복을 위한 전담 심리 치료 선생님을 배치한 일도 아마도 학교의 대응 매뉴얼에 따른 것이 아닐까 생각합니다.

학교에서 위기 상황, 예를 들어 화재나 지진 같은 재난이 발생했을 때, 어떤 우선순위에 따라 누가 어떻게 이 상황에 대처해야 하는지를 담은 대응 매뉴얼을 갖추고 있는 것, 구성원들이 매뉴얼을 숙지하고 있는 것은 매우 중요한 일이죠. 대부분의 공적 조직은 구성원을 보호하고, 피해를 최소화해야 하는 법적 책임을 지고 있으니까요. 하지만 매뉴얼만으로 사건·사고 이후 발생하는 모든 상황에 대처할 수는 없습니다. 때로 매뉴얼에 담을 수 없는 미묘하고 어려운 상황도 있고, 상처 입은 사람들의 다양한 욕구를 섬세하고 따뜻하게 돌보지 못할 때도 있습니다. 선생님께서는 아마 그런 부분을 예리하게 포착하신 것 같습니다. 위기 및 재난 상황에서 우리는 항상 '매뉴얼대로'를 강조합니다. 그러나 매뉴얼이 모든 것을 해결해주지는 않는다는 점도 놓쳐서는 안 됩니다.

교장 선생님은 아이들의 상처에 빠르게 딱지가 앉도록 하는 일을, 본인의 책임과 의무라고 생각했을 것 같아요. 교사의 죽음이 아이들에게 미칠 부정적인 파급 효과를 줄이고 학교 공동체가 아픔을 딛고 신속하게 회복될 수 있도록 하는 데 온 힘을 다하고 계신 걸로 보입니다. 아이들의 수업권을 보장하기 위해 재빨리 라자르 선생님 같은 임시 대체 교사를 모셔온 것도 그런 활동의 일환이었겠죠. 하지만 아무리 경험이 많은 교장 선생님일지라도, 그리고 교내에서 발생한 위기 상황에 대응하기 위한 매뉴얼이 갖춰져 있을지라도 그 과정을 매끄럽고 효율적으로 운영해내기란 쉽지 않을 겁니다. 그런 혼란의 한복판으로 선생님께서 부임하신 거고요.

마틴 선생님의 죽음은 아이들뿐 아니라 학교 구성원 전체에게 충격을 안겨준 '사건'입니다. 개인적인 친분이 깊었든, 그렇지 않았든 모두에게 큰 상실로 다가왔을 겁니다. 하지만 교사나 교직원 들에게는 각자가 사적으로 느끼는 슬픔이나 혼란을 차마 드러낼 여유가 허락되지 않습니다. 그래서 한 '인간'이 느끼는 감정보다는 '교사'가 해야 하는 역할을 앞세워 아이들의 안전과 정신건강을 돌보는 일에 몰두하게 됩니다. 그 과정에서 정작 돌봐야 할 자신의 마음은 방치하는 경우가 많습니다.

아이들은 어떨까요? 아동·청소년기는 가깝게 알고 지낸 사람의 '죽음'을 경험할 가능성이 거의 없는 시기입니다. 따라서 이른 나이에 겪은 사별의 상처가 아이들의 성장과 발달의 장해물이 되지 않도록 세심히 살피는 것은 매우 중요한 어른의 의무이기도 합니다. 하지만 어른이라고 해서 사별로 인한 상실을 다루는 데 능숙할까요? 단호하게 '그렇다'라고 말할 수 있는 어른은 아마 거의 없지 않을까 싶습니다.

갑작스럽게 충격적인 사건을 겪은 아이들은, 같은 일을 겪은 주변 어른들을 유심히 관찰합니다. 이 상실에 대해 무엇을 말하고, 어떤 태도와 감정을 보이는지를요. 그러나 라자르 선생님의 학교를 예로 들면, 마틴 선생님의 동료들은 감정은 쏙 빼고 괜찮은 척, 의연한 척 아이들을 돌보고 가르치려 합니다. 이런 모습은 자칫 아이들에게 무언가를 은폐하거나 거짓을 전하고 있는 것처럼 보일 수 있습니다.

선생님의 말씀을 들어보면, 교장 선생님과 동료 교사들, 그리고 학교의 다른 직원들 모두 '마틴 선생님'을 잃은 사별 당사자라는 사실을 잊고 있는 것처럼 보입니다. 아니, 잊어야만 한다고 생각하는 것 같습니다. 그래서 어른이라고 해도 냉정하고 차분하게 모든 측면을 고루 살피는 것이 쉽지 않을 수 있음을 스스로에게 허락하지 못했던 것 같습니다.

사람들은 외부의 감염 요소를 막아주기 때문에 상처 위에 딱지가 꼭 생겨야 한다고 믿고, 딱지가 생기면 '아! 상처가 다 나았구나!'라고 느낍니다. 하지만 의사들은 말하죠. 딱지는 상처 부위의 피와 진물이 마르면서 생기는 껍질일 뿐이라고요. 진물 속에 상처를 아물게 하는 성분이 들어 있기에 너무 빨리 딱지가 앉는 것은 오히려 새살의 성장을 막을 때가 있습니다. 상처가 제대로 낫기 위해서는 충분히 흐르고, 숨 쉴 수 있는 환경을 만들어줘야 합니다. 애도 과정 역시 똑같습니다. 조급하게 딱지가 생기도록 말리고 덮어두는 것보다 상처가 불러온 슬픔이 있는 그대로 안전하게 그리고 충분하게 흐르도록 해야 합니다.

학교에서 충격적인 일이 발생하면 학교 구성원 각자가 받은 상처의 위치와 크기를 살펴보기도 전에 얼른 딱지를 만들기 위해 가장 크고 두꺼운 밴드를 붙이려 애씁니다. 그렇게 하면 일단 찢어져 진물이 흐르는 상처가 눈에 보이지는 않으니까요. 똑같은 외부 충격에 저마다 받게 되는 상처의 크기와 회복 속도가 다른 것이 당연한데도, 개인의 고유한 반응들이 간과되기 마련입니다. 어떤 사람의 상처는 작고 가벼워서 깨끗이 씻어만 줘도 괜찮은 반면 어떤 사람에게는 항생제가 들어 있는 연고가, 어떤 사람에게는 습윤 밴드가, 어떤 경우에는 꿰매는 수술이 필요할 수도 있습니다.

한편 이런 상황도 있습니다. 예전에 입은 상처 부위에 또다시 상처를 입는 것이죠. 아물지 않은 흉터 위에 다시금 상처가 더해지면, 그렇지 않은 사람에 비해 고통은 배가되고 회복도 한층 더딜 수밖에 없습니다. 과거의 아픔이 사라지지 않은 상태에서 새로운 상처가 겹쳐질 때, 그 충격은 깊고 오래 남는 것이죠.

알리스는 마틴 선생님을 존경하고 사랑했어요. 탐탁지 않았던 학교라는 공간에 적응하는 데 마틴 선생님의 따뜻함과 보살핌이 너무나 큰 역할을 했으니까요. 그랬기 때문에 마틴 선생님의 갑작스러운 죽음은 알리스에게 배신감과 버림받은 느낌을 주기에 충분했을 것 같아요. 그건 알리스 입장에서 다분히 폭력적이라고 느낄만 합니다. 그래서 에세이 주제로 '폭력'이라는 키워드를 받았을 때 마틴 선생님의 죽음을 떠올린 것이겠죠.

시몬은 어떨까요? 시몬은 마틴 선생님의 죽음을 가장 처음 목격한 학생입니다. 다른 날도 아니고 본인이 우유 당번인 날, 그래서 제일 먼저 교실에 올 수밖에 없는 그날 마틴 선생님의 마지막을 보게 된 것이죠. 게다가 시몬은 마틴 선생님을 곤경에 빠트린 적도 있기 때문에 반 아이들뿐 아니라 학교 구성원 모두가 알고 있는 그 일의 당사자로서 차마 말로 표현할 수 없는 큰 죄책감을 경험했을 것 같습니다. 시몬은 아마도 '나 때문에 마틴 선생님이 돌아가시지 않았을까?', '아이들도 내 탓을 하고 있겠지?' 같은 생각을 하면서 괴롭고 고통스러운 시간을 보냈을 가능성이 큽니다.

신문에서 '투척'이라는 단어를 읽은 빅터는 칠레에서 고문당하다 풀려난 뒤 자살한 할아버지의 이야기를 꺼냅니다. 그분의 얼굴을 본 적도 없지만 엄마에게 할아버지 이야기를 자주 들었다고 했죠. 아마도 빅터는 마틴 선생님이 돌아가신 방식이나 죽음 그 자체에 대해 또래 아이들과 다른 관점을 가지고 있을 수도 있습니다. 공부 욕심이 많은 마리는 그저 이 모든 상황이 짜증나고 불편할 수도 있어요. 자기는 괜찮은데 오히려 어른들이 우왕좌왕하면서 이전의 평온했던 학교생활이 전혀 다른 방향으로 흘러가고 있으니까요. 어쩌면 그 친구에게는 마틴 선생님이 떠난 것보다 알제리 이민자이자 본인보다도 불어 문법에 능숙하지 않은 교사가 담임으로 온 것이 훨씬 더 신경 쓰이는 일일 수도 있습니다.

반 아이들의 모든 감정과 생각, 행동은 그 자체로 모두 다 '그럴 수 있습니다.' 옳고 그름을 얘기하는 것이 아닙니다. 선생님의 자살을 폭력으로 느끼는 알리스도, 어른이 보기에 터무니없어 보이는 죄책감에 휩싸인 시몬도, 수업권을 침해받아 짜증이 난 마리도, 그럴 수 있다고 받아들이는 빅터도, 몸이 아픈 보리스도 모두 각자의 방식으로 이 죽음에 반응하는 겁니다. 죽음에 반응하는 방식에 정답은 없습니다. 그러나 아이들을 돌보는 어른들은 이렇게 확신합니다. '선생님의 죽음을 겪은 아이들이 모두 트라우마 증상을 보일 테니 미리 적극적으로 치료하고 교육해 아이들에게 문제가 될 여지를 깨끗하게 예방해야만 해.' 하지만 제가 강조해서 말씀드리고 싶은 것은 상실에 따른 애도 반응은 치료받아야 할 '질병'이 아니라는 점입니다. 아이들에게는 어른들이 생각하는 것보다 훨씬 더 편견 없이 죽음을 받아들일 능력이 있습니다. 어른들이 불안 때문에 그걸 보지 못할 뿐이죠.

라자르 선생님, 가장 안타까운 점은 이겁니다. 아직 마틴 선생님의 죽음에 대한 학교 공동체 차원의 애도가 이루어지지 않았다는 것이요. 학생뿐 아니라 동료 교사도, 학교 일을 봐주시는 교직원도, 모두 떠난 마틴 선생님을 잘 기억하고 추억할 필요가 있습니다. 마틴 선생님을 애초에 그 학교에서 없었던 존재로 만들지 말았으면 좋겠습니다. 교장 선생님이나 다른 선생님과 함께 이 문제를 의논해보셨으면 합니다.

선생님의 학교에서는 학생과 교사간 신체적 접촉을 금지하는 것으로 알고 있습니다. 그럼에도 불구하고 선생님은 알리스를 따뜻하게 안고 토닥여주셨어요. 저는 그 포옹이 사람과 사람 사이에서 서로의 온기를 확인하는 접촉이었다고 생각합니다. 살아 있는 우리는 그렇게 자주 서로의 존재를 확인하는 인사를 나눠야 합니다.

라자르 선생님, 아이들의 감정을 세심하게 살펴주셔서 고맙습니다. 임시 교사로 아이들과 함께했던, 어쩌면 짧은 그 순간이 선생님의 개인적인 애도 여정에서도 중요한 분기점이 되었을 것이라 생각합니다. 라자르 선생님의 아내와 자녀의 영원한 안식을 빌며 캐나다에서 새롭게 출발하는 선생님의 삶을 응원하겠습니다.

애도 강의실

교실에서 배우는 상실의 언어

얼마 전 상실을 경험한 교사를 위한 워크숍에서 애도 교육을 진행했습니다. 제 교수 능력 부족인 탓이 가장 크겠지만 매번 한계에 부딪힙니다. 몇 가지 애도 이론을 설명하고 연령별로 애도 과정이 어떻게 다르며 애도 상담에서 무엇을 하는지 지식을 전달하긴 하지만 어딘가 부족하다는 생각이 들어 늘 마음 한편이 불편했습니다. 그날의 워크숍도 비슷했습니다. 청소년의 사별 경험을 다룬 국내 연구는 터무니없이 부족하고(아동은 말할 것도 없지요), 번역된 외국 서적에서 제안하는 방법들이란 우리나라 학교 현실과 매우 동떨어진 경우가 많으니까요. 강사로서 가장 회의가 드는 지점은 슬라이드에 그럴듯하게 적어놓은 설명이 청중에게는 물 위에 글을 써놓은 듯 무의미한 내용으로 비춰질 때입니다. 그걸 알면서도 어쩔 수 없이 지껄여야 할 때 마음이 정말 편치 않습니다.

그날도 조금 불편한 마음을 안고 교육을 진행하던 참

이었습니다. 맨 앞자리에서 팔짱을 낀 채 못마땅한 표정을 지어 보이던 한 중년 선생님이 강의 도중 불쑥 질문이 있다며 끼어들었어요. 내내 거슬리던 분이었습니다. 온몸으로 '당신 말은 들을 게 하나도 없어'를 표현하고 계셨거든요. 다소 격앙되고 거칠게 전달됐던 그분의 질문은 이랬습니다. "선생님 말씀 다 알겠는데 우리가 학교 현장에서 할 수 있는 것은 아무것도 없습니다. 선생님이 전문가라고 하니 그런 제약을 고려해서 당장 학교에서 해볼 수 있는 실질적이고 구체적인 팁을 주십시오. 저는 이론적인 거 말고 그런 거 들으러 왔습니다."

상실과 애도 교육을 할 때 가장 어려운 질문이 이런 겁니다. '실질적인 팁을 달라.' 죽음을 비롯한 상실 경험과 애도 과정에 만능 레시피처럼 적용할 수 있는 '팁'이라는 게 존재하는지 저는 잘 모르겠습니다. 다소 무례했던 그분께 제가 다시 질문을 드리면서 파악한 상황은 이러했습니다. '친했던 동료 교사가 갑작스럽게 사망했는데 학교는 학생들에게 어떤 공지도 하지 않았고 마치 원래 없었던 듯 아무렇지 않게 돌아갔다. 그걸 지켜보면서 내가 죽어도 학교에서 저렇게 처리할 거라 생각하니 허무하고 우울하다'는 얘기였습니다.

이러한 상황이 과연 한 학교만의 문제일까요? 사실 많은 학교가 학교 구성원의 죽음을 드러내어 다루는 일을 불편해합니다. 아마도 학교는 미래를 위해 꿈을 키우는 활기찬 공간이어야 한다는 인식 때문에 '죽음'은 학교와 어울리지 않는다고 생각하는지도 모르겠습니다.

위기 대응, 그 이후의 과제

우리 사회는 몇 번의 큰 사회적 참사와 재난을 겪으면서 위기 상황에 심리적 응급처치가 필요하다는 데 인식이 높아졌습니다. 학교도 마찬가지입니다. 위기 상황에 어떻게 대처해야 하는지, 학교 구성원의 회복을 위해 어떤 노력을 기울여야 하는지를 두고 많은 전문가들이 머리를 맞대어 각종 매뉴얼과 제도를 마련했습니다. 그중 하나가 교육부 학생정신건강지원센터에서 제공하는 학교 응급심리지원Psychological First Aid for Schools, PFA-S 매뉴얼이며 관련 전문가 혹은 학교 관계자들은 이 매뉴얼을 중심으로 교육 훈련을 받게 됩니다. PFA-S의 정의와 목적은 아래와 같습니다.[8]

학생 자살, 안전사고, 자연재해 등을 포함한 학교 위기 시 응급 상황 발생 직후 초기에 학생, 교직원, 학부모 등 학교 구성원을 지원하는 심리 개입 모델로 학교의 정상화를 목적으로 한다. 여기에는 학교 위기 대응 관련 의사결정을 위한 정보 제공, 관계 기관 간 의사소통 증진, 심리 지원이 필요한 학생 선별과 전문기관 및 병원 연계 등 초기 개입을 지원함으로써 응급 상황으로 인한 고통을 완화하고 단기, 장기 적응과 대처를 돕는 것이 포함된다.

예전에 비해 심리 지원을 비롯한 위기 대응 교육과 훈련의 필요성에 대한 인식이 크게 높아졌고, 실제로 전문가들이나 학교 관계자들을 위한 교육 프로그램도 활발히 운영되고 있습니다. 그러나 아쉬운 점은, 응급 상황이 끝났다고 해서 모든 것이 곧바로 회복되지 않지만 학교 현장은 그 일에 서둘러 마침표를 찍고 싶어 한다는 것입니다. 이로 인해 위기 대응이 끝난 이후 상당히 긴 시간 동안 이어져야 할 돌봄과 치유의 과제는 간과되곤 합니다. 인내심을 가지고 공동체 회복을 위한 노력을 이어가는 일이 반드시 필요하지만 우리 학교 현장에서 이를 실현하기란 쉽지 않습니다.

죽음의 방식을 아이들에게 굳이 알려야 할까

강의에서 자주 받는 질문 중 하나는 '죽음의 방식에 관한 진실을 아이들이 굳이 알아야 하는지'입니다. 아마도 상당수는 아이들에게 얘기하지 않아도 괜찮다는 답을 듣길 원하고 질문을 던지시는 것 같지만 저는 항상 '아이들은 고인이 어떻게 죽었는지 진실을 알 필요가 있으며, 거짓말을 하는 것은 아이들의 회복에 전혀 도움이 되지 않는다'고 대답합니다. 다만 아이의 눈높이에 맞게, '발달적으로 적절한 방식'으로 알려야 합니다. 중요한 어른을 상실했을 때 아이에게 안전감을 제공하기 위한 보호막이 필요한 것은 사실이나, 이 보호막이 죽음과 관련된 모든 사실과 정보를 철저하게 차단하는 것을 의미하지는 않습니다. 아동·청소년 정신건강 전문가들이 말하는 몇 가지 일반적인 지침은 이렇습니다.

첫째, 아이에게 그 죽음이 끔찍했다고 말하거나 생생한 세부 사항을 보여주거나 구체적으로 들려주는 것은 도움이 되지 않습니다. 아이가 혹시 가지고 있을지 모르는 사건에 대한 외상적 이미지를 더욱 선명하게 할 수 있으니까요. 둘째, 고인이 사망할 때 극심한 고통을 겪었다고 말하거나 고인을 도와줄 수 있는 사람들이 할 수 있는 최선을 다하지 않았다고 말하는 것도 도움이 되지 않습니다. 불필요하게 스스로를 비난하며 죄책감을 느끼거나 세상을 향한 복수심을 불러일으킬 수 있습니다. 셋째, 죽음 그 자체를 아이의 연령에 적합하게 설명하는 것도 필요합니다. 죽음은 사람의 몸이 작동하는 걸 영원히(돌이킬 수 없는 방식으로) 멈추게 하죠. '작동 멈춤'을 중심으로 사고와 질병, 자살과 살인 등의 외상적 죽음을 설명해줄 수 있습니다. 예를 들어 마틴 선생님의 자살을 이렇게 설명해볼 수 있습니다. "선생님은 스스로 몸의 멈춤 버튼을 작동시킨 거야. 아마도 마음이 너무너무 아프고 힘들어서 선생님 눈에는 선생님을 도와줄 수 있는 주변 사람이 안 보였을 수 있어. 그래서 오직 스스로 멈추는 것만이 유일하게 할 수 있는 일이라고 생각했던 것 같아."

강조하고 싶은 것은 이는 '일반적 지침'이므로 모든 상황에서 정답은 아니라는 점입니다. 만약 아이에게 죽음을 이야기하는 것에 어려움을 느낀다면 어른이 먼저 죽음과 상실에 대해 가지고 있는 생각과 감정을 전문가와 이야기 나눠볼 필요가 있습니다. 아이들은 진실을 숨기고 거짓을 얘기하는 어른의 감정에 민감하니까요.

아래는 학교에서 벌어진 트라우마 사건에 어떻게 대

응하는 것이 좋은지를 다룬 지침입니다.[9]

학교가 겪은 트라우마 사건에 대응하기 위한 핵심 지침

- 불필요한 상상과 풍문을 떨쳐버려라.
- 학교 체험 학습이나 지역사회에서 사건이 발생했다면 학생 조회 시간을 이용하라. 미디어의 오보가 사실을 왜곡할 수도 있다.
- 모든 교직원이 아이들을 위한 지원 시스템을 확실히 숙지할 수 있도록 하라.
- 아이가 너무 많은 '도움'에 짓눌리지 않도록, 해야 할 상담, 돌봄, 지도에 관한 지침을 세워라.
- 학생들이 개인적 필요들로 아직 민감한 상태에 놓여 있을 동안에도 학교생활에서 안전함을 느끼도록 학교 프로그램을 평소와 같이 유지하라.
- 알림장을 통해 부모가 자녀의 상실 반응을 이해할 수 있게 하라.
- 가능한 한 학생 스스로 자기가 도움받을 지지자를 선택하도록 하라.

상실을 겪은 학생을 돕기 위해 교직원이 할 수 있는 일

- 경청하고, 경청하며, 더 경청하라.
- 대답할 수 없는 질문들을 인정하고 피하지 않는다.
- 그 자리에 함께 있어준다.

- 고통, 혼란, 슬픔, 분노를 허용한다.
- 모든 느낌은 정상적이며 결국 지나갈 것이라고 안심시켜준다.
- 판단하지 않는다. 판단하거나 비판하지 않고 아이가 느끼는 대로 느끼게 해준다.
- 사건 직후뿐 아니라 가능한 한 오랜 기간을 두고 아이가 원할 때마다 찾아올 수 있도록 한다.
- 애도는 시간제한이 없는 것임을 인정하라. 시간은 걸릴 만큼 걸린다.
- 외롭거나 감정이 동요될 때는 당신에게 말하라고 이야기해둔다. 이럴 때 아이가 갈 수 있는 학교 내 안전한 공간을 마련해주는 것이 좋다.

누적된 상실감

영화 〈라자르 선생님〉을 찾아보게 된 것은 2023년 7월, 서울의 한 초등학교 교사의 사망 사건으로 전국이 뜨겁게 타오르던 때였습니다. 해당 교사는 학교 폭력과 관련된 학부모의 악성 민원으로 고충을 겪었고 그의 죽음이 이와 무관하지 않다는 사실이 알려지면서 교사들은 너나 할 것 없이 큰 충격과 슬픔에 빠졌습니다. 이후 한동안 교권 보호를 위한 법적·제도적 장치를 마련하겠다는 보도자료를 많이 접했으나 실제 현장에 있는 선생님들이 체감할 만한 변화가 있었는지는 알 수 없습니다. 교사가 처음이자 마지막으로 근무했던 초등학교 이름은 그날 이후 지금까지도 많은 학술 논문의 제목에 등장하고 있습니다. 교사의 직무 정체성 변화, 심리적 소진에 대처하는 방안, 학부모 민원과 교권, 교사를 보호하지 못하는 취약한 제도 등 유사한 주제를 변주한 연구가 지속해서 진행됐습니다.

한 가지 확실한 것은 학교 현장에서 발생한 어느 초임 교사의 사망 사건이 우리 교육 현장에 엄청난 전환점이 되었다는 사실입니다. 이 사건은 교사 집단 전체가 공유하고 있었으나 말하지 못했던 무력감, 억눌린 분노와 자괴감이 한꺼번에 터져 나오도록 했습니다. 많은 교사들에게 이 사건은 크나큰 상처가 되었고, 누군가에게는 여전히 진행 중인 슬픔이기도 합니다. 그렇다면 그때 그 일을 겪은 초등학교 학생들과 학부모의 마음은, 지금 어떨까요? 그 일을 어떻게 이해하고 받아들이고 있을까요?

그 학교 아이들과 학부모들, 동료 교사들, 그리고 순직 교사의 지인과 유가족이 어떤 심리 지원을, 어떻게 받았는지는 알려진 바가 많지 않습니다. 그러나 그의 죽음이 교사 사회, 특히 초등교사 집단에 일으킨 심리적 파장이 무엇이었는지는 교육대학원 수업을 수강하는 현직 교사이자 대학원생들을 통해서, 애도 상담을 받으러 온 교사 내담자들을 통해서 들을 수 있었습니다. 그들과 이야기를 나눈 후 애도 상담가인 제가 내린 결론은, 우리 사회의 교사들이 이 사건으로 존엄을 훼손당했다고 느낄 정도로 엄청난 상실을 겪은 것이 분명해 보인다는 것입니다. 한 신규 교사의 죽음이 '우리 사회의 교사들이 이미 잃어버렸으나 잃어버렸다고 인식하지 못하는 누적된 상실감'에 불씨를 당긴 셈입니다.

슬픔과 고통을 가르치는 학교

"상실은 우리가 당연히 여겼던 세계를 뒤흔들고, 삶의 이야기를 다시 쓰도록 초대한다. 그것은 우리가 누구이며 앞으로 어떤 존재가 될 것인가를 재정의하도록 만든다."[10] 상실과 애도 분야에서 유명한 임상가이자 연구자인 로버트 A. 니마이어Robert A. Neimeyer의 말입니다. 니마이어는 여러 저서의 서문에 이 문장을 반복해서 썼습니다. 저 역시 상실에 관한 문장 가운데 이 말을 특히 좋아합니다. 상담실에서도 어느 순간 이 문장을 내담자에게 꼭 전하게 되는 순간이 옵니다. 고인의 죽음은 당신에게 새로운 차원의 질문을 던졌고, 남겨진 우리는 그 질문의 의미를 이해하고 답을 찾으려는 노력을 해야 한다고요. 이 문장은 개인뿐 아니라 집단이나 사회에도 유효합니다.

상담실에서 고인이 남긴 질문의 의미와 답을 찾아가는 내담자의 애도 여정에 동반하다 보면, 이런 생각이 듭니다. 죽음을 미리 성찰하고 이야기할 수 있다면, 상실이 던지는 질문 앞에 좀 더 준비된 마음을 가질 수 있지 않을까? 그런 의미에서 저는 라자르 선생님이 말했던, 학교에서도 슬픔과 고통을 가르쳐야 한다는 주장에 깊이 공감합니다. 학교뿐 아니라 가정과 사회에서 질병과 죽음, 더 큰 차원의 상실까지 다룰 수 있다면 좋겠습니다.

교사의 자살 사망을 겪은 뒤 애도의 공동체가 되지 못한 학교, 동료 교사의 죽음을 외면한 조직의 냉담함에 분개한 선생님, 어린 시절에 부모를 비롯한 가까운 사람의 때 이른 죽음을 겪었지만 그 슬픔을 표현할 방법을 배우지 못한 학생들까지, 상담실과 여러 현장에서 제가 들은 이야기들이 던지는 메시지는 명확합니다. '애도하지 못한 채 남겨진 사람들의 고통에 이제 제발 귀를 기울이라'는 것입니다. 그래서 응급 상황이 발생했을 때 부랴부랴 대처하는 '위기 개입'이 아니라 평상시 우리 삶에서 죽음과 상실을 이야기할 수 있는 애도 문화, 상실의 아픔을 드러내는 것이 불편하거나 두렵지 않은 분위기가 만들어져야 합니다.

우리는 삶의 어느 순간에든 누군가를 죽음으로 떠나보낼 수 있습니다. 그 사실을 미리 배운 아이들은 분명 자신과 타인의 고통에 귀 기울이고 연민할 줄 알며 충분히 슬퍼할 수 있는 사람, 그리고 무엇보다 자신의 삶을 소중하게 여기는 사람으로 자라날 겁니다. 우리 모두에게 이 이상의 자살 예방, 생명 존중 교육이 또 있을까요? 우리 학교와 교실이, 아이들이 크면서 겪을 상처와 고통을 멸균시키는 장소가 아니었으면 좋겠습니다.

라자르 선생님은 아내와 아이를 모두 잃은 사람입니다. 상처를 입은 채 고향을 잃고 낯선 땅으로 이주했죠. 게다가 아이들을 가르칠 수 있는 정규 교사도 아니었지요. 하지만 라자르 선생님의 상실은 아이들의 상실을 거울처럼 비춰주었습니다. 학교의 심리 상담가도, 위기 개입 매뉴얼로도 발견하지 못했던 아이들의 아픈 마음을 말이죠. 아이들은 라자르 선생님과의 만남을 통해 '상실의 언어'를 배웠고 이 배움은 앞으로 아이들의 삶에서 슬픔을 숨기지 않고 나눌 수 있는 용기로 이어질 겁니다.

왜 미리 막지 못했을까요?

자살이 던지는 비통한 질문

> *"나. 있지. 난 정말 모르겠어. 그가 왜 자살을 했고,*
> *왜 철로 위를 걷고 있었는지. 그런 걸 생각하면 견딜 수가 없게 돼.*
> *그 사람이 왜 그랬을 것 같아?"*
>
> – 영화 〈환상의 빛〉 중에서

유미코라고 합니다. 저는 아들 유이치, 그리고 남편과 함께 바닷가 마을에 살고 있어요. 이곳은 작고 평화롭습니다. 동네 사람들은 정겹고요. 저는 첫 번째 남편과 사별한 뒤 아들 유이치를 데리고 재혼했습니다. 지금 남편은 성실하고 자상하고 따뜻한 사람이고 제가 겪은 일까지 진심으로 이해하는 것처럼 느껴집니다. 한 번도 그때의 일을 시시콜콜 물어보지 않았거든요. 저는 그 점이 좋고 믿음직스러웠습니다. 아무 연고도 없는 먼 이곳까지 남편만 믿고 따라올 수 있었던 것도 그 때문이죠. 그래서 선생님, 저는 제가 참 복이 많은 사람이라고 생각하고 있고 현재 제 삶에 대부분 만족하며 살고 있습니다.

하지만 가끔 어둠이 가득한 깊은 우물 속으로 천천히 빨려 들어가는 듯한 기분이 들어 힘이 듭니다. 몸은 여기 있지만 제 안의 무엇인가가 빠져나가 한참을 헤매는 것 같아요. 그 느낌이 예측하지 못하는 때에 갑자기 들이닥쳐 자주 당황스럽습니다. 현재 저는 스트레스라고 할 만한 일이 전혀 없는 상황이라 만약 이유를 찾는다면 과거, 그 일 밖에 없습니다. 아주 오래 전 일이기도 하고 저는 그 일을 잘 극복해서 여기까지 왔다고 생각하지만 제가 알지 못하는 뭔가가 아직 남아 있는 걸까요? 있다면 찾아서 해결하고 싶습니다. 유이치와 남편에게 좋은 엄마, 아내이고 싶거든요.

실은, 유이치 친아빠이자 제 첫 남편은 스스로 목숨을 끊었습니다. 지금까지 어느 누구에게도 그날 일을 자세히 얘기한 적이 없습니다. 아, 물론 유이치 아빠가 달리는 전차에 몸을 던져 사망했다는 사실은 저희 엄마도, 지금 남편도 알아요. 다만 유이치 아빠가 왜 그랬는지, 그 전에 어떤 일들이 있었는지 이야기한 적은 없습니다. 오늘 드리는 말씀은 선생님께 처음으로 털어놓는 거예요. 그날 있었던 일에 관한 이야기를요. 수백 번 곱씹어 생각해봤지만 말로 표현하는 것은 처음이라 조금 떨립니다. 두서없을 수도 있으니 양해해주세요.

그날, 유이치 아빠는 집에 올 시간이 아니었는데 들렀어요. 저녁에 비가 온다고 하니 자전거를 두고 나가려 왔다더군요. 지금도 우산을 앞뒤로 흔들며 걸어가던 남편의 뒷모습이 생생합니다. 가볍고 경쾌해 보였어요.

남편 말대로 저녁부터 꽤 많은 비가 내렸습니다. 그리고 혼자 유이치 목욕을 다 끝낼 때까지 남편은 오지 않았습니다. 기다리다 깜빡 잠이 들었는데 누군가 문을 두드리는 소리에 깜짝 놀라 깼습니다. 경찰이었어요. 남편이 들어왔는지 확인하러 왔다고 했어요. 남자 한 명이 기차에 치었는데 주머니 속에서 남편의 회사 이름이 적힌 종잇조각이 나왔다고요. 직원 세 명 중 두 명의 귀가를 확인한 후 저희 집에 왔다고 했으니 그렇다면 기차에 치인 사람은 저희 남편일 수밖에 없었습니다. 경찰서에 갔어요. 남편은 지금 어디 있느냐고 물었는데 '봐도 못 알아 볼 것'이라고 하더군요. 경찰이 그렇게 말하지 않았더라도 저는 볼 수 없었을 겁니다. 경찰한테 물어봤어요. 대체 어떻게 된 상황이냐고요.

근처에 있는 사람이 남편을 봤대요. 철로 한가운데서 열차를 마주보며 걸어 들어가는 한 남자를요. 그 사람이 제 남편, 유이치 아빠입니다. 비 오는 늦은 밤, 철로에서 산책을 한 것은 아니었겠죠. 열차를 향해 뚜벅뚜벅 걸어갔다는 갔다는 말, 그게 제가 들은 전부였습니다. 그 이후 저는 수도 없이 그 철길을 걸어봤습니다. 도대체 이유를 알 수 없는 남편의 죽음을 이해해보려는 것도 있었지만 그때 저는 솔직히 그 길을 따라가고 싶었습니다. 남편이 그랬던 것처럼요.

친정엄마는 '아이가 태어난 지 3개월 무렵이면 남자의 의욕이 가장 높을 때'라면서 정말로 어떤 낌새도 알아채지 못했냐고 하셨습니다. 어린 자식을 두고 어떻게 그럴 수 있냐고요. 저를 탓하는 건지 무책임하게 가버린 사위를 탓하는 것인지 모를 말씀들을 하셨습니다. 아마 둘 다였겠죠. 아기와 덜렁 둘만 남겨진 미련한 딸의 미래가 안타까워서 그러셨던 것 같습니다. 그때 저는 종일 멍하니 지냈어요. 아기 울음소리도 듣지 못하는 일이 많았고요. 자주 넋을 놓고 있으니 제가 가스 밸브를 열고 사고라도 칠까 봐 사람들이 자주 찾아왔습니다. 다행히 저는 죽지 않고 이렇게 살아 있습니다.

선생님, 그 사람이 떠난 지 올해로 7년이 지났고, 남편과 재혼해서 산 것은 벌써 3년째예요. 꽤 시간이 흘렀지만 저는 여전히 저는 궁금합니다. 잊었다고 생각했지만 잊은 것이 아니라 그 생각으로부터 열심히 도망치고 있었던 것 같아요. 왜 그날 밤이었을까요? 대체 그렇게 해서 어디로 가고 싶었던 것일까요? 가끔 미치도록 궁금합니다. 저와 유이치라는 존재는 남편에게 살아갈 이유가 되지 못했을까요? 죽을 결심을 한 사람의 발걸음이 그렇게 경쾌할 수 있나요?

지금의 남편 타미오는 시아버지가 했던 말을 제게 전했습니다. 배를 타고 홀로 바다에 나가면 저 멀리서 아름다운 빛이 보이고 그 빛이 반짝반짝 빛나면서 시아버지를 끌어당겼다고요. 그런 경험은 '삶의 어느 한 순간 누구에게나 일어날 수 있는 일'이라고요. 그 말을 듣는 순간 따뜻한 빛이 저를 감싸는 것처럼 느껴져 좋았습니다.

죽음에 관해 수많은 이야기를 접한 선생님 생각은 어떠세요? 유이치 아빠가 그 순간 거부할 수 없는 어떤 빛에 이끌린 거라고 받아들여도 될까요? 이런 생각을 하는 게 그냥 제멋대로 면죄부를 주는 거면 어떡하죠? 남편을 먼저 떠나보낸 다른 분들은 어떻게 살고 있나요? 저처럼 재혼을 하신 분도 행복하게 잘 살고 있나요? 쓸데없는 죄책감이라는 걸 알면서도 가끔 그런 생각이 들 때가 있습니다. '너무 서둘러 그를 잊으려고 한 것은 아닐까' 하고요. 질문이 많아서 죄송합니다. 답변 기다리겠습니다.

환상의 빛
幻の光, Maborosi

1995. 일본. 15세 이상 관람가. 드라마. 109분.

감독 고레에다 히로카즈.
출연 에스미 마키코, 나이토 다카시, 아사노 타다노부 등.

상담실에서

유미코 씨. 지금 꽤 잘 살고 있다고 말씀해주셔서 참 좋습니다. 상담자로서 그보다 더 듣기 좋은 말은 없거든요. 더욱 다행인 것은 유미코 씨가 겪었던 아픔과 상처를 담담하게 이해해주는 분이 지금 곁에 함께하고 있다는 점입니다. 그분도 아내를 떠나보낸 경험이 있으니 상대적으로 '죽음'에 관해 많은 생각을 했을 것 같아요. 물론 사별 경험이 있는 모든 사람이 그럴 수 있는 것은 아니니 유미코 씨가 특별히 좋은 사람을 만난 것은 분명합니다.

유미코 씨가 던진 여러 질문 중 상담실에서 다른 분들에게 자주 듣는 질문부터 함께 생각해보겠습니다. 어떤 방식으로든 배우자를 먼저 떠나보낸 분들이 유미코 씨처럼 다른 사람을 만나 잘 살고 있는지 궁금하다고 하셨죠? 우선 책 《너무 이른 작별》을 쓴 칼라 파인Carla Fine 씨 이야기를 전해드리고 싶어요. 파인 씨도 유미코 씨처럼 남편을 자살로 잃었습니다. 당시 남편의 나이는 43세였고 결혼한 지 21년차가 될 무렵이었죠. 성인이 된 후 거의 모든 시간을 함께한 사람을 잃은 심정이 어땠을까요. 아마 삶이 송두리째 뽑혀버린 느낌이었을 것 같아요.

파인 씨는 책에 남편의 죽음 이후 겪은 애도 과정, 자살로 누군가를 떠나보낸 경험이 있는 예순 여명의 사별자들과 나눈 인터뷰, 자살과 우울증에 관해 자신이 이해한 내용들을 담았어요. 그리고 한참의 시간이 흐른 뒤, 유미코 씨처럼 멋진 분을 만났고 지금은 강아지 세 마리와 함께 행복하게 살고 계십니다.

예전에 파인 씨의 집에 방문할 기회가 있었는데요. 마침 파인 씨의 책도 읽은데다 저와 동행한 두 분도 남편을 잃은 분들이었기에 꽤 긴 시간 진솔한 대화에 몰입할 수 있었습니다. 두 분은 남편과 사별한 지 얼마 되지 않았던 터라, 자신들이 겪고 있는 시간을 이미 겪었을 파인 씨의 말 한마디 한마디에 귀를 기울였습니다. 파인 씨 역시 그들의 마음을 너무 잘 알았기에 정성을 다해 자신의 경험을 나눴습니다.

파인 씨는 20년 넘게 함께 산 남편이 갑작스럽게 떠나고 나서 꽤 오랫동안 아무도 만날 수 없었다고 했습니다. 사별의 아픔 때문이기도 했지만 자신이 어떤 '불운'을 품은 존재인 것처럼 느껴졌다고 했어요. 물론 다른 사람이 파인 씨에게 직접적으로 그런 얘기를 한 적은 없지만 혼자서 그렇게 굳게 믿었다고 합니다. '또다시 다른 남자를 만나 그 사람을 불행에 빠트릴 순 없어', '새로운 사람을 만나더라도 혹시 그 사람에게 안 좋은 일이 생기면 다시는 회복할 수 없을 거야' 같은 믿음들이요. 그래서 파인 씨의 마음속에서는 이런 생각이 꼬리에 꼬리를 물었습니다. '나는 불운한 사람이라 평생 혼자 지내야 해', '이런 나를 아무도 사랑할 순 없을 거야', '혹시 누군가 만나면 나와 비슷한 경험이 있는 사람을 만나야만 해', '그런 사람이라면 나처럼 우울할 텐데 둘이 같이 있으면 더 심각해지지 않을까', '그래, 혼자 지내자', '이렇게 평생 산다고 생각하면 너무 우울해', '이렇게 굳이 살 필요가 있을까'.

자살로 사랑하는 이를 잃은 사람들은 파인 씨처럼 자신에게 끊임없이 낙인을 찍으며, 스스로를 소외시키고 벗어날 수 없는 굴레에 가두곤 합니다. 파인 씨가 이런 생각들을 멈출 수 있었던 계기는 다른 사람들에게 자신의 생각을 표현하고 그들에게 공감받기 시작하면서였다고 했습니다. 파인 씨는 죽은 남편의 생일에 자살 사별자 자조 모임을 찾았고 모임에 참여한 분들과 많은 이야기를 나눴습니다. 그 과정에서 '왜 나에게만?'이라고 여겼던 고립의 마음이 '우리 모두에게'로 전환되는 경험을 했고, 근거 없는 자기 비난이나 수치심에서 조금이나마 해방될 수 있었다고 해요. 이렇듯 상실의 경험은 개인 차원을 넘어 집단이나 공동체 안에서, 즉 관계에서 함께할 때 의미 있는 방향으로 전환됩니다. 특히 '자살'처럼 여전히 낙인이 강한 죽음의 방식을 겪은 경우 더욱 그러하죠.

유미코 씨는 어땠나요? 유미코 씨의 마음에 기꺼이 귀를 기울여준 사람이 있었나요? 지금 곁에 있는 남편은 유미코 씨가 겪은 일을 알고는 있지만 단지 '사건'으로 인지할 뿐 유미코 씨가 마음 깊숙이 품고 있는 죽음에 대한 의문과 후회, 원망과 안타까움, 우울감 같은 감정은 잘 모를 수 있습니다. 그 일이나 그런 감정을 시시콜콜 캐묻지 않는 것이 유미코 씨를 위한 배려라고 생각했을 수 있어요. 아마 남편의 그런 사려 깊은 모습이 유미코 씨에게 새로운 관계를 향해 기꺼이 나아가도록 용기를 주지 않았을까 싶습니다.

이제 긴 시간이 흘렀고, 남편의 자살과 함께 묻어두었던 아픔에 숨을 불어넣을 때가 온 것 같습니다. 행복하지만 때때로 내 의지와 상관없이 어딘가로 빨려 들어가는 듯 느껴지는 감정이 유미코 씨를 이끌고 있어요. 이제 말해도 괜찮다고, 말해보라고요.

유미코 씨가 말씀하신 그 '빛'에 관해 저도 한참 생각해보았습니다. 그날 밤, 전 남편은 기차 레일 저편에서 어떤 빛을 봤던 걸까요? 그 빛이 전 남편의 혼을 빼앗아갔던 걸까요?

제가 예전에 참여했던 한 자살 사별자 자조 모임에서 자녀를 잃은 어머니에게 이런 얘기를 들었습니다. '아이는 무슨 수를 쓰더라도 닿을 수 없고 뚫을 수 없는 두꺼운 장막 안에 들어가 있었던 것 같다'고요. 그래서 '그 안에서 무슨 일이 일어나는지 전혀 알 수 없었다'고요. 오해하실 수도 있어서 덧붙입니다. 죽음으로 향해 가는 사람의 내적 심리 과정을 알 수 없으니 실행을 막을 수 없다는 얘기를 하려는 건 아닙니다. 그저 삶에서 죽음으로 넘어가는 경계에, 인간인 우리가 결코 헤아릴 수 없는 어떤 지점이 있다는 점을 말씀드리고 싶습니다. 아마도 제가 자살 이전이 아니라 이후에 함께 하는 사람이다 보니 '알 수 없음'을 강조하는 것일 수도 있습니다. 하지만 동시에 그 경계에 머물러 있는 사람에게 다가가 고통에 귀 기울이는 것은 분명 가능한 일입니다.

저는 경계에 서 있는 사람이 다시 삶으로 돌아오거나, 혹은 돌이킬 수 없는 죽음으로 넘어가는 것은 어쩌면 '우연'에 가깝다는 생각을 합니다. 우리가 살아 있는 것이 당연한 일이 아닌 것처럼 죽음 또한 그런 것 같아요. 이것은 상담실에서 만났던 자살 사별자들이 저에게 가르쳐준 교훈입니다.

자살은 남겨진 사람에게 어쩔 수 없이 '이유'를 찾아 처절한 방황을 하게 만듭니다. 그것이 설령 답이 될 수 없고 불완전하더라도 말이죠. 그동안 유미코 씨가 스스로를 자꾸 과거로 보내 가두었던 원인도 '이유를 찾아 방황하는 마음' 때문 아니었을까요? 유미코 씨의 친정어머니는 의도치 않게 에둘러 유미코 씨를 탓했습니다. '왜 몰랐냐'고. '어떤 낌새도 알아채지 못했냐'고. 하지만 그 질문은 누구보다도 유미코 씨가 스스로에게 가장 많이 던졌을 것입니다. 그렇게 방황하던 유미코 씨에게 지금의 남편이 건넨 말이 과거의 고통스러운 질문을 내려놓게 만드는 한 줄기 빛이 됐을 것 같아요. '삶의 어느 한 순간 누구에게나 일어날 수 있는 일'이라는 말이요. 물론 그 말에 진심 어린 위로와 사랑을 느끼며 마음이 따뜻해졌던 것은, 그동안 답 없는 질문을 붙잡고 고통스러워 했던 유미코 씨의 시간이 켜켜이 쌓여 있었기 때문이라고 생각합니다.

유미코 씨는 동네 사람들의 상여 행렬을 따라 바닷가로 갔습니다. 그곳에서 타오르는 상여를 바라보며 처음으로 남편에게 마음을 털어 놓았지요. 저는 그 순간 유미코 씨가 내내 붙잡고 있던 질문, '왜 그랬을까'라는 질문도 함께 태워 날려보내는 의례를 치렀다고 생각합니다. 그래서 이렇게 말씀드리고 싶습니다. 이제 행복해도 괜찮다고요.

애도 강의실

리미널리티, 상실과 회복 사이 그 어딘가

〈환상의 빛〉은 한국인이 사랑하는 일본 감독, 고레에다 히로카즈의 첫 장편 영화입니다. '상실'이라는 주제를 다양한 형태로 변주하며 깊이 있게 탐구하는 점이 좋아 히로카즈의 영화를 즐겨봅니다. 히로카즈는 영화 시나리오를 직접 쓰는 편이지만 〈환상의 빛〉은 미야모토 테루가 1979년에 발표한 동명 소설을 각색하여 만들었습니다. 저는 영화를 먼저 보고 뒤늦게 미야모토 테루의 소설집을 읽었습니다. 소설집에는 〈환상의 빛〉 외에 세 편의 소설이 실려 있는데, 미야모토 테루는 네 편 모두에서 누군가를 죽음으로 떠나보낸 경험이 있는 사람들의 이야기를 다루고 있어요.

〈환상의 빛〉이라는 제목이 암시하듯 소설은 영화에서와 마찬가지로 죽음을 삶의 끝이나 대척점에 있는 것이 아니라 삶과 얽혀 있는 불가해한 매혹으로 그립니다. 소설에서 유미코는 결국 전 남편의 자살을 '알 수 없는 빛에 이끌린 상태', '혼이 빠져 나간 상태'였다고 받아들입니다. 물론 현실에서 자살이라는 죽음을 유미코가 그랬던 것처럼 드라마틱하게 수용하기란 어렵습니다. 영화나 소설에서 자세하게 다루지 않았던 7년의 시간을 현실 그대로 보여준다면, 그 시간은 훨씬 더 거칠고 괴로우며 예측할 수 없는 모습일지도 모릅니다. 그리고 유미코가 그랬던 것 같은 결말에 이르지 못할 수도 있겠죠. 그럼에도 불구하고 유미코를 상담실에 초대한 것은 유미코의 시간들이 제가 상담실에서 만났던 많은 자살 사별자들의 어떤 상태를 잘 보여주고 있기 때문입니다.

유미코는 남편의 자살이 이후 '그 사람은 왜 그랬을까?', '나는 왜 막지 못했을까?'라는 질문을 끌어안고 있었던 것으로 보입니다. 첫 번째 질문은 남편을 향한 의문이고, 두 번째 질문은 자신을 향한 자책입니다. 자살로 사별한 경우, 이 두 질문은 한동안 가장 날카로운 칼이 되어 남겨진 사람을 베어버리며 깊은 고통 속으로 몰아넣습니다. 많은 자살 사별자들처럼 유미코 또한 이 두 질문을 오가며 괴로워하고 방황하는 시간을 버텨내야 했을 겁니다.

이처럼 자살 이후 사별자 흔히 겪는 '이유 찾기', '비난과 자책'이 만들어내는 역동을 영국의 정신과 의사 레

이철 기븐스Rachel Gibbons는 '망상적 서사delusional narrative'라는 개념으로 설명했습니다.[11] 자살 직후 사별자 대부분은 고인이 아닌 자신을 중심으로 한 서사(이야기)를 만듭니다. 예를 들어 '그때 내가 방문하지 않아서 그가 죽었다', '전화를 받지 않아 그가 죽었다', '부탁을 거절해서 그가 죽었다' 같은 것들이죠. 영원히 검증할 수 없는, 망상에 가까운 믿음들입니다. 자칫 '망상'이라는 표현 때문에 치료가 필요한 정신 병리의 문제라고 생각할 수도 있겠지만 그건 아닙니다. 오히려 자살이 만들어낸 균열과 혼란을 가까스로 봉합하려는 마음의 보호기제이자 임시 구조물 같은 것이라고 볼 수 있어요. 문제는 이 서사가 일시적인 보호 역할을 하는 데서 그치지 않고 굳어져버릴 때입니다. 답 없는 그 이야기에 붙들려 있느라 정작 필요한 애도 과정을 건너뛰게 만드니까요. 애도는 '누군가의 잘못이어야 하는 마음'에서 '죽음의 불가해성을 받아들이는 방향'으로 나아가야 합니다.

유미코는 이 두 질문을 안고 '어디에도 속하지 못한 상태', '애도하는 것도 회복하는 것도 아닌 그 중간에 갇혀 있는 상태' 즉 '중간적 상태liminality'라고 부를 만한 곳에 머물러 있었던 것으로 보입니다.

중간적 상태의 애도

'중간적 상태'라는 개념은 암 환자가 진단 이후 겪는 정체성의 붕괴, 사회적 고립, 생활 반경 축소, 삶의 주도권 상실, 현재와 죽음 사이의 짧은 경계로 시간이 축소되는 경험을 설명하기 위해 도입되었습니다.[12] 이후 이 개념은 암과 함께 살아가는 이들이 느끼는 존재론적 경계 상태를 이해하는 틀로 널리 사용되었습니다. 최근에는 사별자가 경험하는 상실과 회복 그 어딘가에서 멈춰 있는 듯한 심리 상태를 설명하는 데까지 확장해 적용하고 있습니다.

영국의 한 연구팀은 영국 국가통계청 사망 등록 자료를 통해 배우자 혹은 파트너를 사별한 지 6개월에서 10개월이 지난 유족에게 설문을 발송했습니다. 사망 이유는 따로 확인하지 않았고, 고인과의 관계와 사별 시기에만 초점을 맞춰 설문 대상자를 선정했습니다. 설문에는 건강과 애도에 관한 기초 질문 외에 사별 이후 설문 시점까지의 감정과 경험을 자유롭게 응답하는 질문을 포함시켰습니다. 응답을 분석한 결과, 이들 중 상당수가 상실과 회복의 정서적·실존적 중지 상태에 놓여 있는 것으로 밝혀졌습니다.[13] 사별자들은 애도와 회복 사이 어느 쪽도 해당되지 않는 영역에 갇혀 있거나 길을 잃은 느낌으로 자신의 상태를 표현했습니다. 배우자와 함께했던 부부, 파트너로서의 정체성이 사라지고, 기대했던 미래를 잃어버린 상황에서 도저히 앞으로 나아갈 수 없다고 느끼기도 했습니다. 또한 배우자와 함께 구축한 관계망을 유지하는 데 어려움을 느끼면서 고립되는 모습도 보였습니다. 연구자들은 인터뷰 과정에서 참가자들이 사용한 비유적 언어들이 중간적 상태의 애도를 이해하는 데 중요한 역할을 한다고 보았습니다. '괴물monster', '심연abyss', '물water'과 같은 단어들이죠.

• 슬픔이라는 괴물Grief as a Monster: 참가자들은 공통적으로 슬픔을 괴물, 혹은 적enemy으로 표현했습니다. 일상에서 이해할 수 없는 비정상적인 경험을 마주할 때, 사람들은 그것을 '괴물적 현상'으로 받아들입니다. 자신을 공격하는 불길한 존재, 한 번도 만난 적 없는 두려운 존재로 생각하는 거죠. 남편을 갑작스레 잃은 아내들의 경우 원치 않는 슬픔에 휩싸이면서 자신이 느끼게 되는 감정을 '괴물적 존재'로 표현한 것으로 보입니다. 상처 입히고 압도하고 가두는 존재로 묘사한 것이죠.

· 슬픔이라는 심연Grief as an Abyss: 참가자들은 슬픔이 공허emptiness, 구멍hole, 또는 허공void을 만들어냈다고 설명했습니다. 어둡고 형체 없는 공간에서 사별자들은 방향 감각을 잃고 깊은 무력감을 느낍니다. 슬픔을 단순히 감정으로 느끼는 것이 아니라 삶 자체를 빨아들이고 무력화시키는 심연으로 경험하는 것이죠. 이 대목에서 영화 〈그래비티gravity〉의 한 장면으로 자신의 상태를 비유한 내담자가 떠올랐습니다. 〈그래비티〉는 광활한 우주 공간에 홀로 남겨진 주인공이 지구로 돌아가기 위해 사투를 벌이는 내용을 담은 영화죠. 남편의 사망으로 짧은 신혼에 마침표를 찍은 그녀는 '지구에, 어쩌면 현실에 영원히 닿지 못한 채 우주 공간을 홀로 떠돌아다닐 것 같다'고 했습니다. 동성 파트너를 잃은 어떤 분은 자신의 경험을 '중력이 시공간을 휘게 하는 블랙홀에 빠진 것 같다'고 표현했습니다. 한쪽이 일방적으로 닫혀버리고 어떤 상호작용도 불가능한 저 너머의 사건 같다고 말이죠.

· 슬픔이라는 물Grief as Water: 또 하나의 중요한 비유적 표현은 액체liquid, 물water로서의 슬픔이었습니다. 괴물이나 심연으로서의 슬픔과 마찬가지로, 이는 자율성의 상

실을 의미하며 사별자들이 자신의 슬픔을 통제할 수 없고, 그로 인해 위험에 처할 수 있음을 표현하는 데 사용되었습니다. 거대한 파도가 된 슬픔이 자신을 집어삼킬지 모른다는 두려움, 깊은 물속으로 가라앉는 기분, 난파된 배를 타고 육지에서 멀리 떨어진 망망대해를 떠도는 느낌 같은 것들은 우리나라 사별자들도 자주 쓰는 표현입니다.

연구자들은 괴물, 심연, 물에 빗댄 중간적 상태의 애도 경험이 기존의 애도 이론에서 잘 다루지 않은 감정적 반응이라고 했습니다. 예를 들어, 고인에 대한 갈망, 고통, 분노, 부정, 외로움과 죄책감 같은 경험들은 많이 다루어졌지만 무감각, 공허함, 아무 곳에도 존재하지 않는 듯한 느낌을 조망한 경우는 별로 없었다는 것이죠. 연구자들은 이 중간적 상태가, 강렬한 슬픔이 지나간 후에도 회복을 어렵게 만드는 중요한 요인이라고 보았습니다. 따라서 사별자뿐 아니라 사별자의 애도 과정을 위로하고 지원하는 사람들은 중간적 상태에서 보이는 애도 경험이 지극히 자연스러운 과정임을 인식하고 그들의 경험에 귀 기울여야 한다고 조언했습니다. 만약 이들과 대화를 시작하는 방법을 잘 모르겠다면, 아래의 안내 사항을 참고하기 바랍니다.

자살 사별자와 대화하기 전에 기억해야 할 10가지[14]

1. 참을성 있게 경청해주기: 자살로 사람을 잃는 것은 복잡하고 충격적인 일이어서 고통에서 단번에 벗어날 만한 방법이나 치료법은 없습니다. 참을성 있고 편견 없는 청취자가 되어주세요. 그들이 분노, 좌절, 두려움, 슬픔 등 다양한 감정을 털어놓을 만한 안전한 도피처가 되어준다면 더욱 좋습니다. 그저 그들 옆에 있어주는 것도 괜찮습니다. 나를 걱정해주는 누군가가 존재한다는 것 자체가 위로가 될 것입니다.

2. 이해한다고 말하지 않기: 자살로 인한 사별은 다른 상실과는 달라 그 슬픔을 진정으로 이해하기 어려울 수 있습니다. 이해하지 못한다는 점을 인정하는 것이 곧 자살 사별자의 슬픔이 얼마나 복잡한지 인식하는 일이며 그들의 감정을 존중하는 일입니다.

3. 죽음의 이유가 무엇인지 질문하지 않기: 자살 사별자가 고인의 자살 방법에 관한 이야기를 먼저 꺼내지 않으면 그에 관한 이야기를 하기 싫다는 것으로 간주해야

하며, 자살 사별자가 말해준 것 외에는 자세하게 캐묻지 말아야 합니다. 대신 죽음이라는 주제, 혹은 고인의 이야기를 완전히 피할 필요는 없으며 사별자가 얘기하고 싶어 한다면 부담 없이 대화에 참여해도 됩니다.

4. 조언과 상투적인 표현을 하지 않기: 건강을 잘 챙기라고 당부하는 것 외에는 직접적인 조언을 하지 말아야 합니다. 자살로 인한 상실에 대처할 수 있는 옳은 답은 없습니다. "좋은 곳에 가셨을 거야", "모든 일에는 이유가 있을 거야", "견뎌낼 수 있을 거야"와 같은 흔한 위로의 문장들은 자살사별자의 고통을 과소평가한다는 점에서 그들에게 상처가 될 수 있다는 것을 기억해야 합니다.

5. 자살에 대해 가치 판단하지 않기: 자살을 이기적인 선택, 죄, 약한 행동, 또는 사랑, 힘, 믿음이 부족한 것이라고 말하지 말아야 합니다.

6. 책임을 전가하거나 암시하지 않기: 자살 사별자들은 자살 이유를 묻는 질문에 자주 자신을 탓하곤 합니다. 직접적으로든 간접적으로든 자살 사별자들이 자살에 책

임이 있다고 생각하게끔 말하지 않도록 조심하십시오. '고인을 서운하게 했는가?', '자살 사별자가 미처 챙기지 못한 일이 있는가?', '혹시 경고 신호를 놓치진 않았는가?', '그 경고 신호를 심각하게 받아들이지 못한 건 아닌가?'와 같은 질문들은 자살 사별자들이 이미 느끼고 있을 두려움, 후회, 자기 질책을 증폭시킬 수 있고, 또 다른 부정적인 감정을 불러일으킬 수 있습니다.

7. 도움 요청에 적극적인 자세 취하기: 어려운 상황에서 도움을 청하는 것은 쉽지 않은 일입니다. 특히 자살로 인해 누군가를 잃고 난 직후엔 자신이 필요로 하는 도움이 무엇인지조차 모를 수 있습니다. 그러므로 "필요한 게 있으면 말해"와 같은 단순한 말은 충분치 않습니다. 스트레스를 받는 일에 도움을 주거나 그들 옆에 함께 있어주는 등 반복적이고도 구체적인 도움을 제공하십시오. 진정성을 느끼고 더 쉽게 받아들일 수 있을 것입니다.

8. 고인 이야기를 두려워하지 않도록 돕기: 그들이 사랑한 사람과의 추억에 잠길 기회를 만드십시오.

9. 사별자가 얘기할 때까지 인내하기: 자살 사별자의 슬픔에 타임라인을 두지 마십시오. 이들의 애도는 삶 전체를 아우르는 과정입니다. 좋은 의도라도 "이 또한 지나갈 거야", "털고 일어나야지"와 같은 말은 자살 사별자들에겐 '어서 회복해야 한다'는 부담을 줄 수 있습니다.

10. 기억하고 함께하겠다고 표현하기: 장례식이 끝난 이후 사별 초반의 충격이 사라지고 현실을 받아들이는 시기가 자살 사별자에게 가장 힘든 때입니다. 그들 옆에 누군가가 있다는 것을 꾸준히 알리는 편이 좋습니다.

아이를 잃고 어떻게 살아갈 수 있을까요?

자식을 잃은 부부의 애도

"이제 어쩌지?"
"모르겠어. 뭔가 또 있겠지."

– 영화 〈래빗 홀〉 중에서

저는 베카라고 해요. 8개월 전에 하나뿐인 아들 대니를 교통사고로 잃었어요. 남편이 데려온 개, 테즈가 밖으로 뛰쳐나갔고 개를 쫓아 따라 나갔다가 그만 그 일이 벌어졌습니다. 바로 우리 집 앞에서요.

8개월이 지났습니다. 아이의 웃음이 가득하던 큰 집에 이젠 남편과 저, 이렇게 둘뿐입니다. 남편은 매일 출근을 하고, 저도 예전과 다름없이 요리를 하고 화단을 가꿉니다. 다만 아직 사람들을 만나진 못합니다. 우리 부부는 사교적인 편이라 사람들을 초대해 파티를 하고 함께 어울리는 것을 좋아했어요. 당연히 이웃들 모두 대니의 죽음을 함께 슬퍼해주었고 우리 부부가 잘 지내고 있는지 걱정스럽게 지켜보고 있다는 것도 알고 있습니다. 친절하고 따뜻한 마음으로 우리를 저녁 모임에 초대하곤 하지만 아직은 그런 자리에 참석하고 싶지 않아서 이런저런 핑계를 대며 거절하고 있습니다.

얼마 전, 여동생 리지가 임신을 했다는 소식을 전해왔어요. 리지는 자유분방한 편이라 다른 가족들에게 늘 걱정을 끼쳤던 아이였어요. 그런 리지가 임신을 했다는 얘기를 들으니 기분이 묘합니다. 리지와 저를 비교하고 싶지는 않지만 저는 뭐든 알아서 잘해낸 자식이었습니다. 우리 집안에서 가장 성공했다고 볼 수 있죠. 저는 가족들의 자랑이었습니다. 하지만 이제는 가족들에게 걱정을 끼치는 처지가 되었습니다. 다들 제 눈치를 보는 것 같아 불편합니다.

저는 언니로서 늘 리지를 챙기고 때로는 잔소리 같은 조언을 해주는 쪽이었고, 리지도 그런 저를 믿고 잘 따랐습니다. 그동안 우리 자매는 시시콜콜 별 얘기를 다 할 수 있는 사이라고 믿었었는데 어찌된 영문인지 리지의 임신 소식을 제가 제일 늦게 알게 되었습니다. 많이 서운합니다. 물론 이해는 합니다. 아마 제 상황 때문이었겠죠. 언니는 외동아이를 잃었는데 자기는 임신을 했으니 아무렇지 않게 말하기 어려웠을 거예요. 머리로는 백번이고 이해하지만 마음은 그렇지 않네요. 덩달아 남편도 저를 걱정해요. 제가 나쁜 사람이 된 것 같습니다. 왜들 그러는지 모르겠어요. 축복받아야 할 소식이 괜히 저 때문에 뭔가 나쁜 소식이 된 것 같잖아요. 왜 저를 그렇게 만들죠? 제가 그렇게 해달라고 한 것도 아니잖아요. 선생님, 저는 진짜 괜찮습니다. 제발 예전처럼 대해줬으면 좋겠어요. 지금은 제가 모두에게 불편한 가시가 된 것 같습니다.

그러던 어느 날 남편이 불쑥 '아이를 잃은 부모들의 모임'에 가자고 했습니다. 전혀 내키지 않아서 몇 번을 거절했지만 결국 반신반의하는 심정으로 모임에 갔습니다. 결론부터 말씀 드리자면 그 모임에 참석한 것을 몹시 후회합니다. 정말 너무 싫었어요. 불쾌하고 불편하고 모든 부정적인 감정의 합, 그 이상의 마음이 들었습니다. 산 것도 죽은 것도 아닌 표정으로 하느님 타령을 하는 사람들이 잔뜩 모여 있었거든요. 다시는 나가지 말아야지 결심했다가 혹시나 하는 마음에 몇 주 만에 다시 한번 참석했어요. 그런데 여전하더군요. 8년째 그 모임에 나오고 있는 부부도 있어요. 자그마치 8년이요. 그 정도면 완전히 망해버린 삶을 살고 있는 거 아닌가요? 제가 그렇게 될까 봐 끔찍해요. 백혈병으로 아이를 잃은 한 부모는 신이 자기 아이를 천사로 쓰려고 데리고 갔다고 하더라고요. 신의 뜻이래요. 도저히 들어줄 수가 없더군요. 자녀를 잃었다는 경험만 같을 뿐, 그 사람들이 하는 말 중 제가 공감할 만한 얘기는 아무것도 없었습니다. 당연히 위로도 받지 못했습니다. 그 사람들에게 저는 어떻게 보였을까요? 고고한 척 앉아서 평가하듯 바라보는 제 눈빛을 그들도 느꼈을 겁니다. 저와 달리 남편은 그 사람들과 뭔가 통하는 구석이 있어 보입니다. 요즘도 밤늦은 시간에 혼자 휴대폰에 저장된 대니의 영상을 보며 눈물을 흘리거든요. 저는 남편의 그런 모습을 지켜보면서도 곁에 다가가 아는 척하지 않았어요. 무슨 말을 해야 할지도 잘 모르겠고요. 무엇보다 저는 아직 남편처럼 대니의 영상을 볼 수 없습니다. 애써 피하고 있다는 편이 정확할 겁니다.

제가 아들을 잃었다는 것 때문에 사람들이 제 눈치를 보고, 위로하려고 들고, 고통을 이해하는 척하는 게 힘들어요. 좀 더 솔직히 얘기하면 역겹습니다. 동생 리지도 그렇고 친정엄마도 그래요. 모임에 다녀와서 냉장고에 붙어 있는 대니의 그림들을 몽땅 떼어버렸어요. 대니의 옷도 모두 빨아서 리지에게 가져다주었습니다. 형편이 어려운 리지에게 우리 대니가 입던 좋은 옷들을 물려주면 좋겠다고 생각했거든요. 그런데 리지는 좋아하지 않았어요. 아이가 딸일 수도 있지 않겠냐며 핑계를 댔지만 그 이유를 저는 알 것 같아요. 아마 우리 대니가 죽었기 때문이겠죠. 태어난 아이에게 죽은 아이가 입던 옷을 입히다니! 불길한 운명이 자기 아이에게 옮을 수 있다고 생각했을 것 같아요. 내색하지는 않았지만 속상하고 화나는 마음에 대니의 옷을 그대로 들고 나와 기부함에 넣어버렸어요. 지금은 대니의 옷을 너무 충동적으로 버린 것 같아 조금 후회가 됩니다.

한번은 리지의 생일 파티에서 엄마와 크게 다퉜어요. 저는 리지가 사용할 목욕 용품을 선물했는데, 엄마는 임부복을 선물로 줬어요. 그 순간 제가 일부러 아기 용품을 사지 않은 것처럼 생각할까 봐 나름 장황하게 설명을 했는데 그게 분위기를 완전히 망쳐버렸습니다. 제가 아이를 잃었기 때문에 임신한 리지를 축복하지 않는 것처럼 보이는 게 싫었습니다. 술에 취한 엄마는 기어코 한 소리를 하고 말았어요. 정곡을 찌르는 아주 아픈 말이었습니다. 엄마는 제가 누군가에게 책임을 씌우려 한다고 했습니다. 단지 구실이 필요한 거라고요. 엄마는 오빠가 죽었을 때 자신은 그러지 않았다고 했어요. 저처럼 남에게 화풀이하지 않았다고요. 차라리 위로해줄 무언가를 찾아보라고 했습니다. 엄마의 그 말을 듣자마자 명치끝에서 견딜 수 없는 불덩이 같은 것이 치밀었습니다.

선생님, 실은 엄마도 저처럼 자식을 잃었습니다. 그런데 그것 빼고는 모두 달라요. 오빠는 헤로인 중독자였고 평생을 민폐만 끼치다가 서른 살에 죽었어요. 저지른 죄 하나 없이 고작 네 살에 사고를 당해 세상을 떠난 제 아들 대니와는 다릅니다. 하지만 엄마는 마치 오빠와 제 아들의 죽음이 같은 것인 양, 당신이 겪어서 제 마음을 속속들이 아는 것처럼 굴어요. 엄마가 그럴 때마다 저는 모욕감을 느낍니다. 엄마는 위로가 될 만한 무언가를 찾으라고 하지만 저를 위로할 수 있는 것은 아무것도 없습니다. 심지어 대니의 아빠인 남편도요. 남편은 아들의 영상을 보며 몰래 눈물 흘리고, 자기 허락도 없이 대니의 물건을 함부로 치웠다면서 화를 냈습니다. 남편 차에는 아직도 대니의 카시트가 그대로 있습니다. 그런데 웃긴 게 뭔지 아세요? 그렇게 대니를 그리워하면서 다시 아이를 갖자고 합니다. 아직 8개월밖에 지나지 않았다고요! 대니가 떠난 것이 정말 슬프다면 어떻게 그런 생각을 할 수가 있죠?

선생님, 제가 애도 상담을 신청한 이유를 말씀드리지 않아도 아시겠죠? 저는 완벽히 혼자입니다. 남편과도, 다른 가족들과도 대니가 죽기 전에는 정말 잘 지냈고, 저도 그들을 좋아한다고 생각했는데 그들의 말과 행동이 크고 아픈 가시가 되어서 제 마음에 박힙니다. 그래서 피하고만 싶어요. 같은 경험을 한 사람들을 만나면 위로를 받는다고 하는데 저는 그들과 다르다는 것만 확인했고, 오히려 더 비참한 심정이 들었습니다. 언제까지 이렇게 살아야 할까요? 이런 마음으로 남편과 잘 살 수 있을까요? 대니의 물건은 치웠지만 이 집은 모두 대니로 채워져 있습니다. 그래서 이사를 가고 싶지만 남편은 반대합니다. 어떻게 하면 좋을지 선생님 의견을 듣고 싶어요.

래빗 홀
Rabbit Hole

2010. 미국. 15세 이상 관람가. 드라마. 91분.

감독 존 카메론 미첼.
출연 니콜 키드먼, 에런 에크하트, 다이앤 위스트, 마일스 텔러, 태미 브랜차드, 샌드라 오 등.

상 담 실 에 서

베카 씨, 아마도 베카 씨는 이성적이고 현실적인 분인 것 같습니다. 그래서 아이의 죽음 이후에도 감정적인 동요를 최소한으로 줄이고 억제하며 침착하게 지내려고 애쓰셨을 것 같아요. 베카 씨 같은 분들이 있습니다. 이런 분들은 '내가 힘들다고 해서 다른 사람을 힘들게 하면 안 된다. 폐를 끼치면 안 된다. 내 감정은 스스로 완벽하게 통제해야 한다'고 생각하죠. 그 생각에서 한 발짝 더 들어가 보면 실제로는 이런 마음일 가능성이 높습니다. '어차피 그 누구도 나를 위로할 수 없다. 그러니 오직 나 홀로 이 난관을 극복해야 한다'.

충격적인 사별 이후 사람들의 반응은 그 사람의 성격이나 그동안 익숙하게 사용해온 문제 해결 방식에 따라 다를 수밖에 없습니다. 베카 씨가 이상한 사람이라서 그런 게 아니에요. 감정을 절제하고 냉철하고 성실하게 살려고 애썼던 베카 씨의 방식은 분명 지금의 위치까지 오는 데 긍정적인 영향을 끼쳤을 겁니다. 그래서 아이를 잃은 지금도 늘 하던 방식대로 애쓰고 계신 거죠. 감정을 분출하는 사람만 힘든 게 아니라 끝내 삼키고 눌러두는 사람도 그만큼의 마음 에너지를 쓰고 있다고 생각해요.

아이와 함께한 시절의 추억을 붙잡고 아이에 관한 이야기를 나누고 싶어 하는 남편 하위 씨와 달리, 베카 씨는 아이의 흔적들을 눈에 보이지 않는 곳으로 치우셨죠. 돌아올 수 없는 아이가 남긴 것을 보는 일이 베카 씨에게는 고통이었고, 남편은 돌아올 수 없기에 아이의 모든 것이 절절하게 소중하게 느껴지는 걸 거예요. 하지만 베카 씨, 이미 경험했기에 잘 알고 계시리라 믿습니다. 대니의 흔적이 눈앞에서 사라진다고 해도, 베카 씨의 온몸에는 여전히 대니의 기억이 깊게 새겨져 있다는 것을요. 베카 씨가 살아 있는 한, 변함없을 겁니다.

베카 씨처럼 갑작스럽게 자녀를 떠나보낸 부모는 내 심정을 아는 오직 한 사람이 배우자이기 때문에 서로가 간절해지기도 하지만 때로 마주하고 싶지 않은 상대가 되기도 합니다. 피하고 싶은 상처와 고통을 떠올리게 하기 때문이죠. 서로를 바라보면 각자를 조금씩 닮은 아이가 더 이상 존재하지 않는다는 현실을 직면할 수밖에 없으니까요.

아이를 잃은 사람들의 자조 모임에 나가서 위로받는 남편과는 달리 베카 씨는 같은 경험을 한 사람들을 만나고 싶어 하지 않았어요. 아들 '대니'를 잃은 것은 두 분에게 똑같은 경험이지만 베카 씨와 하위 씨는 서로 다른 방법으로 아들을 향한 그리움과 고통, 절망감을 표현하고 있는 거죠.

먼저 '자녀를 잃은 부모를 위한 자조 모임'에 참석한 경험에 대해 이야기 나누고 싶어요. 모임에서 어떤 이야기에도 공감할 수 없었고, 어떤 분의 이야기에는 불편함을 넘어 분노를 느꼈다고 하셨지요. 충분히 그럴 수 있다고 생각합니다. 자조 모임에 나가는 핵심적 이유는 비슷한 경험을 한 사람들에게 진심 어린 이해를 받고 혼자가 아니라는 안도감을 얻는 것일 텐데요. 실제로 다양한 종류의 자조 모임이 그런 역할을 하고 있습니다. 그리고 어디에서도 받지 못했던 특별한 위로를 받았다고 얘기하는 분도 많습니다. 어떤 분은 그 경험을 이렇게 표현하기도 했어요. "거기 모여 있는 이들이 모두 자녀를 잃은 사람들이라는 것을 인식하는 순간, 내가 이 세상에 살아 있으면 안 된다거나 가장 불행한 인간이라고 여겼던 마음이 사그라들었다"고요. 하지만 모든 사람이 자조 모임의 도움을 받는 것은 아닙니다. 도움을 못 받았다고 해서 그 사람에게 문제가 있는 것도 아니고요. 오랜 시간이 흐른 뒤 회복된 선배 부모의 모습을 보며 희망을 얻을 수도 있지만, 반대로 긴 시간이 흘렀음에도 여전히 변함없어 보이는 모습을 보며 절망감을 느낄 수도 있습니다. 베카 씨처럼요. 신이 자신의 아이를 천사로 쓰려고 데려갔다는 말을 한 그 부모는 그들만의 방식으로 아이의 죽음을 받아들인 것입니다. 거기에는 옳고 그름이 없어요.

자녀의 죽음은 다른 사별과는 조금 다른 영역이라는 생각을 자주 합니다. 부모의 정체성과 삶의 목적을 근본부터 뒤흔드는 경험이죠. 다른 사별보다 훨씬 더 세게요. 그래서 저는 아이의 잃은 부모가 죽음을 받아들이기 위해 행하는 그 어떤 방식의 노력도 존중할 수밖에 없다고 생각해요. 베카 씨는 아직 대니의 죽음을 현실로 받아들이고 싶지 않고(할 수 없고), 대니를 데려간 신에게 분노하는 마음이 크기에 다른 부모의 그런 이야기가 더 기가 막히게 들렸을 겁니다. 베카 씨도, 그분도 누가 더 옳고 그르다고 말할 수 없습니다. 두 분 모두 자녀를 잃었지만 애도 여정에서 서 있는 위치가 다를 뿐이죠. 베카 씨와 달리 남편 하위 씨는 애도 과정에서 바로 그 시점이 자조 모임의 장점을 가장 필요로 했던 시기였을 거예요. 베카 씨에게는 아마 다른 것이 절실하게 필요했을 테고요.

베카 씨의 어머니도 베카 씨처럼 아들을 먼저 보냈지만 베카 씨는 아무것도 모르는 천진난만한 아이가 불의의 교통사고를 당한 것과 약에 찌들어 살다가 성인이 되어서 죽은 것은 완전히 다른 죽음이라고 선을 긋고 계신 것 같습니다. "한 사람은 다른 모든 사람과 같고, 몇몇의 다른 사람과도 같고, 또 어떤 누구와도 같지 않다"는 말이 있습니다. 자녀를 잃은 부모 모임에 온 다른 사별자 부부들도 베카 씨의 어머니도 모두 같은 경험을 했지만 동시에 각자의 경험은 어떤 누구와도 같지 않고 고유합니다. 베카 씨처럼 아들 대니의 죽음을 아직 현실로 인정하기 힘든 사별 초기일수록 '어느 누구와도 같지 않음'에 몰두할 수 있습니다.

아직 8개월 밖에 지나지 않았습니다. 베카 씨. 괜찮은 척하지 않아도 괜찮습니다. 다른 사람이 나를 어떻게 볼까 두렵다면, 혹은 내 존재가 다른 사람에게 부담을 주는 것 같다면 당분간 베카 씨에게 가장 익숙한 방식으로 시간을 견뎌보는 것도 괜찮습니다. 베카 씨처럼 남들에게 늘 정돈된 모습을 보여주어야 한다고 생각하며 살아온 사람이라면, 혼란에 빠진 모습을 결코 드러내서는 안 된다고 여기고 있을지도 몰라요. 하지만 이런 상황에서 마음을 완벽히 통제하는 것은 불가능합니다. 베카 씨는 지금 불가능에 도전하고 있는 것이나 마찬가지예요. 그러면서 또 자책하겠죠. '내가 왜 이렇게 됐지?' 스스로에게 자꾸 또 다른 짐을 지우지 않았으면 좋겠습니다. 당장 대니를 잃은 일상을 교정하고 회복하는 데 애쓰기보다 대니의 잃은 엄마, 베카 씨 자신을 가여워하고 연민하는 마음을 가졌으면 좋겠습니다. 그런 시간을 가져도 무너지지 않습니다.

이사에 관해서도 그래요. 당장 그 집을 떠나야 하는 이유가 그 집에서 대니를 잃은 것 때문이라면 힘들더라도 조금 버텨보면 어떨까요? 그곳은 대니가 떠난 곳이기도 하지만 대니를 맞이한 곳이기도 합니다. 혹시 이사를 한 뒤 또 다른 상실감에 빠지지는 않을까 염려됩니다. 베카 씨와 남편 하위 씨에게는 그 집에서 아직 해야 할 일들이 남아 있습니다. 이사를 가는 것이 좋다, 아니다의 결정은 미뤄두고 돌아오는 대니의 일주기를 어떻게 보낼지를 먼저 생각해보는 것도 좋습니다. 대니는 집 밖으로 뛰쳐나간 개를 쫓아가다 교통사고를 당했습니다. 베카 씨는 전화를 받느라 아이를 놓친 것을 괴로워하고, 하위 씨는 그 개를 본인이 데려왔다는 것을, 베카 씨 동생은 그 순간 베카 씨에게 전화를 한 것을, 베카 씨의 어머니는 자신이 베카 씨 동생과 싸워서 베카 씨에게 전화를 걸게 만들었다는 것을, 사고를 낸 제이슨은 좀 더 주의 깊게 운전하지 않은 것을 자책하며 괴로워합니다. 대니가 죽지 않았다면, 이 모든 일은 일상에서 늘 일어나는 예측하거나 피할 수 없는 작은 우연들이었을 것입니다.

혹시 오해할까 봐 말씀드립니다. '그래서 대니의 사고는 피할 수 없었을 것'이라는 운명론을 들먹이며 베카 씨를 위로하고자 하는 것은 아닙니다. 삶이라는 것의 본질을 얘기하고 싶었을 뿐입니다. 우리의 삶은 뜻대로 흘러가지 않잖아요. 순간의 선택, 혹은 예기치 못한 우연한 사건의 연속으로 이루어져 있죠. 그래서 때로는 일어난 모든 일을 내 잘못으로 여기며 스스로를 괴롭히지 않아도 되는 자유를 얻기도 하는 것 같습니다. 베카 씨에게도 그때가 올 거라 믿습니다. 대니는 베카 씨와 하위 씨, 그리고 다른 가족들에게 사랑을 듬뿍 받았습니다. 그러니 베카 씨. 대니에게 엄마 아빠의 고통이 아닌 사랑을 주세요. 그 사랑 속에서 대니는 언제나 베카 씨 곁에 존재하고 있을 겁니다.

애도 강의실

각자 다른 고통, 연결된 애도

"엄마, 그 마음 사라지긴 해요?"

"사라지지 않아. 적어도 난 11년 동안 그랬어. 그래도 변해."

"어떻게요?"

"나도 잘 몰라."

"슬픔의 무게가 변하는 건지는 모르겠어. 다만 이제 슬픔에서 기어 나올 수 있어. 그리고 슬픔의 벽돌을 주머니에 넣고 다니는 거야. 가끔은 잊기도 하고. (…) 마음에 들진 않지만 그게 아들 대신 존재하는 거야. 그래서 주머니에 넣고 다니는 거지. 이 마음은 절대 사라지지 않아."

"그건 어때요?"

"사실 생각보다 괜찮아."

애도 상담이나 교육을 할 때 베카와 어머니의 대화를 종종 인용합니다. 어떤 상태여야 회복에 이르렀다고 할 수 있는지, 혹은 고통에서 벗어난 마음 상태란 무엇인지를 이야기할 때죠. 상실감은 시간에 따라 형태가 변하지만 사라지지 않는다는 것, 가끔 많이 아플 때가 있지만 그래도 견딜 만하다는 옅은 희망 같은 것이 대화 속에 녹아 있습니다. 오빠의 죽음과 내 아들 대니의 죽음은 질적으로 다르다며 선을 긋고, 위로하려는 사람들을 밀어냈던 베카의 마음이 열리는 순간이기도 해서 저는 이 장면이 좋았습니다.

어머니뿐 아니라 동생이나 다른 가족들 심지어 자녀를 잃은 부모들을 만난 자리에서도 베카는 홀로 있으려고 합니다. 자신의 고통을 절대 나누려 하지 않죠. 온몸으로 '어차피 당신들은 내 고통을 몰라! 내 고통은 달라' 하고 외치지만 이런 분들은 어쩌면 가장 정확하게 이해받고 싶은 사람일 수도 있습니다.

수많은 애도 연구는 '여성의 애도'에 관한 연구라고 해도 과언이 아닙니다. 아내를 잃은 남편보다 남편을 잃은 아내를 대상으로 한 연구가 훨씬 많으니까요. 비단 배우자 사별만 그런 것은 아닙니다. 실제로 상실과 애도에 관한 연구에 참여한 피험자 상당수는 여성이었습니다. 사별 이후 여성은 '정서적인 애도 경험'에 머무르는 반면, 남성은 좀 더 '현실적인 일을 처리'하는 데 몰두하는 경우가 많습니다. 자녀 사별에서도 마찬가지입니다. 부모를 대신할 다른 성인 자녀가 없다면 대개는 남성이 장례를 준비하고, 부고를 알리고, 각종 행정적·법적 처리에 관한 일을 맡아 합니다. 그러나 예외도 있습니다. 미혼의 성인 자녀를 돌연사로 떠나보낸 어떤 어머니는 장례식 당시 남편이 자기보다 더 정신을 차리지 못하고 힘들어하는 바람에 다른 자녀가 그 일을 다 떠맡아 처리했다며 뒤늦게 남편을 원망하기도 했습니다. 영화 〈래빗 홀〉은 주인공 베카가 흔히 '남성적인 애도'라 불리는 방식으로, 남편 하위가 오히려 '여성적인 애도'를 하는 것으로 설정해 묘사하고 있습니다. 특히 자조 모임에 베카를 데려가는 하위의 모습은 현실적이라기보다 극적 장치에 가깝습니다. 실제 상담실이나 자조 모임에 남편을 반강제로 끌고 오는 것은 대부분 여성이니까요.

그러나 여성적인 애도냐, 남성적인 애도냐를 구분하는 일은 중요하지 않습니다. 애도 반응은 저마다 다르고 다양하며, 모두 하나도 빠짐없이 '정상'으로 여겨져야 마땅하기 때문입니다. 같은 가족, 지역, 종교, 문화에 속한 사람들이라 할지라도 애도에서 똑같은 감정을 느끼는 경우는 없습니다. 특정한 애도 양식을 남성적, 여성적이라고 구분하기보다는 각 애도 반응을 하나의 스펙트럼 위에 존재하는 다양한 양상으로 이해하고, 성별은 그 양상에 영향을 미치는 여러 요인 중 하나로 보는 편이 좋습니다.

직관적 애도와 도구적 애도

사람들은 흔히 남성이 여성에 비해 상대적으로 덜 감정적이라고 생각합니다. 특히 애도에 관해서 눈물을 흘리거나 슬픔을 표현하는 반응을 기대하는 경향이 있고, 그런 사람을 보며 '아! 저 사람은 지금 제대로 된 애도를 하고 있다'고 여깁니다. 그러다 보니 감정 표현을 억누르는 것에 익숙한 남성의 애도 반응을 '제대로 된 애도가 아니'라고 오해하는 경우가 많습니다. 자식의 죽음 앞에서조차 슬픔을 표현하지 않는 냉혈한으로, 혹은 어딘가 고장 나 있는 사람으로 대하기도 하죠. 저명한 애도 연구자인 케네스 J. 도카Kenneth J. Doka와 테리 L. 마틴Terry L. Martin은 우리가 남성적, 여성적 애도라고 부르는 애도에 다른 이름을 붙여 설명합니다. 바로 '직관적 애도intuitive grief'와 '도구적 애도instrumental grief'입니다.[15]

직관적 애도를 먼저 살펴볼까요? 직관적 애도는 사고보다 감정을 중심으로 반응하는 애도입니다. 정서의 표현과 내적 감정이 일치하는 것이 보통이죠. 따라서 애도자도 자신의 감정을 탐색하고 표현하고 처리하는 데 집중하게 됩니다. 우리가 흔히 '여성적 애도'로 구분하는 모습일 겁니다. 직관적 애도자들은 아무래도 주변의 지지를 더 구하고자 하고 실제로 지지를 더 받기도 합니다. 자조모임에 참여해서 자신의 감정을 나누고자 하는 욕구도 큽니다. 베카의 남편 하위처럼요.

도구적 애도자들은 감정보다는 행동이나 생각, 때로는 신체적 반응으로 애도를 표현합니다. 이들은 보통 어떤 활동에 에너지를 쏟는 일, 무언가를 하는 일로 애도 반응을 보입니다. 실제 상담실에서 만난 분들 중 아내는 애도 상담으로, 남편은 등산이나 마라톤으로 각자의 시간을 버티는 경우가 있었는데 여기에 딱 맞는 예일 겁니다. 베카는 감정을 잘 표현하지 않는 편입니다. 계속 몸을 움직이죠. 평소처럼 요리를 하고, 화단을 가꾸고, 늘 하던 대로 가족을 챙깁니다. 우리가 남성적 애도라고 간주하는 방식입니다. 이런 방식의 애도는 마치 애도하지 않는 것처럼 보일 수 있지만 이들은 다른 방식으로 애도하고 있는 겁니다. 물론 대부분의 사람들은 직관적 애도와 도구적 애도의 스펙트럼 중 어딘가에 위치에 있으면서 애도의 시기와 상황에 따라 혼합해 반응합니다.

사회·문화적 기대는 애도에 큰 영향을 주는데요. 특히 성별에 따른 애도가 그렇습니다. 남편 하위는 직관적 애도를 보이고, 베카는 도구적 애도의 방식을 표현하고 있는데 성별에 따른 일반적인 기대와 다른 방식이죠. 이런 상황을 '불일치 애도dissonant grief'라고 명명하기도 하며 이 상태에 놓인 사별자는 부가적으로 혼란이나 수치심, 죄책감을 경험할 수 있습니다. 마치 내가 뭔가를 제대로 하지 못하고 있다고 느끼게 되니까요.

따라서 우리는 각기 다른 한 개인의 고유한 애도 과정에 초점을 맞춰야 합니다. 자녀를 잃은 부부라 해도 드러나는 애도 양식의 차이에 매달리기보다는 서로의 방식을 존중하면서 함께 공유하고 있는 경험을 나누는 편이 좋습니다. 다만 그때를 맞이하기 위해서는 각자에게 시간이 필요합니다. 저는 애도 상담에서 자녀를 잃은 부부를 처음부터 함께 만나지 않는 편입니다. 그에 앞서 꽤 긴 시간 동안 엄마로서, 아빠로서 아이를 잃은 고통을 온전하게 느끼고 표현할 각자의 시간이 필요하기 때문입니다. 배우자의 눈치를 보거나 배려할 필요 없이 오롯이 자신의 감정을 쏟아낼 수 있는 안전한 시간이 확보돼야 합니다.

그러한 과정을 지나야 비로소 서로의 애도 방식을 존중할 여유가 생깁니다. 그때 비로소 부부는 앞으로 남은 상실의 시간을 함께 걸어갈 동반자가 될 수 있습니다.

연결감을 만드는 방법

우리는 떠난 사람의 물건을 간직하고 보존함으로써 위안을 얻기도 하고 고인과 함께 했던 때를 추억하기도 합니다. 오랫동안 투병하던 아이를 떠나보낸 어떤 어머니는 몇 달 동안 아이가 쓰던 방을 정리할 엄두를 내지 못했죠. '언제쯤 물건을 정리하는 것이 좋은지'에 딱 떨어지는 공식이나 지침이 있는 것은 아닙니다만 이런 질문을 해보는 것이 좋습니다. 고인의 체취가 묻어 있는 물건들은 고인 대신 잡아두고 싶은 마음인지 아니면 이 물건들을 통해 고인을 추모하고 기억하고 싶은 것인지 말이죠. 만약 후자라면 고인이 살아 있을 때와 똑같이 유지하는 것이 아니라 남겨진 사람에게 의미 있는 방식으로 재구성해야 합니다. 예를 들면, 가족들이 함께 모여 고인의 물건들을 사용할 것과 기부할 것, 혹은 폐기할 것으로 분류해볼 수 있습니다. 아이에게 특별했던 애착 인형이나 처음 그린 그림 같은 것들은 오래 보관할 수 있는 방식으로 보존할 수 있습니다. 그런 면에서 베카가 남편과 아무 상의 없이 독단적으로 대니의 동영상을 지워버리거나 옷을 빨아서 임신한 동생에게 가져다준 일, 장난감과 사진 들을 눈에 보이지 않는 곳으로 치워버린 행동은 준비되지 않은 남편에게 또다시 폭력적인 상실감을 안겨주었을 겁니다. 고인의 물건과 흔적을 어떻게 처리할지 함께 의논하면서 결정하는 과정에서 남은 가족들은 공유한 추억을 꺼내어 보듬으며 눈물 짓고 웃을 수 있습니다. 이때 고인이 가족에게 어떤 존재였고 우리 가족이 무엇을 떠나보냈는지 깊이 이해하게 되기도 합니다. 보통 이 시기는 극심한 고통에서 점차 벗어날 즈음인 것 같고 대개 1주기 무렵인 경우가 많습니다.

유품 정리에 관해 제가 단정적으로 말씀드릴 수 없는 이유는 가족마다 처한 상황과 맥락이 너무나 다양하기 때문입니다. 어떤 가족 구성원은 고인이 남긴 물건 하나하나에 의미를 부여하고 간직하며 천천히 정리해나가고 싶어 하지만, 실제 유품에 관해 주도권을 쥔 다른 가족이 단호하게 거부할 수도 있습니다. 또 어떤 이는 단 한순간도 고인의 물건이 있는 공간에 머물 수 없어 서둘러 모두 치워버리기도 합니다. 가족을 배려한 친인척이나 주변인이 과도하게 개입해 유족이 스스로 고민하거나 결정할 기회도 없이 유품을 처분해버리는 상황도 있습니다. 이렇게 각기 다른 가족의 사정과 역동을 고려하면, 고인의 물건을 어떻게 처리하는 것이 좋은지 원칙을 제시하기란 어렵습니다. 결국 '어떻게 하는 것이 옳다'보다 각 가족의 상황에 맞게 속도와 감정을 존중하며 접근하는 일이 중요하겠죠.

유품과 관련해서 결정할 수 있는 일이 아무것도 없다거나 이미 다 처분한 상태라 실제 간직할 만한 것이 없는 상황이라도 괜찮습니다. 우리는 고인이 남긴 물건을 통해서만 고인과 연결될 수 있는 것은 아니니까요. 고인이 원하고 바랐던 어떤 가치나 신념을 기억하고 이어받을 수도 있습니다. 고인이 좋아하거나 사랑했던 어떤 것, 혹은 고인이 사는 미래를 위해 꿈꿨던 어떤 것을 이어갈 수도 있습니다. 우리는 '상징'으로도 충분히 연결될 수 있습니다.

아이가 남겼던 사소한 물건 하나조차 마치 '아이' 같아서 놓아버릴 수 없는 마음은, 그 시점에서 사별자의 삶을 멈춰 세우고 '아이가 죽었다'는 사실이 주는 엄청난 삶의 변화를 거부하는 몸부림일 수 있습니다. 그러나 그런 분에게 무작정 '이제는 놓아버리고 적응하라'고 강요할 수는 없습니다. 그보다는 그 애착에 담긴 의미를 존중하면서 고인과 연결을 이어갈 수 있는 방법을 함께 모색하는 일이 필요합니다. '계속 붙잡는 것'과 '완전히 끊어내는 것' 사이 어딘가에서 상징적이고 의미 있는 방식으로 그 마음을 전환해볼 수 있습니다. 베카의 어머니가 주머니에 슬픔의 벽돌을 평생 지니고 다닌 것처럼 말이죠.

아들이 죽인 아이의 부모가 전하는 용서, 어떻게 받아들여야 할까요?

가해자와 피해자의 용서와 애도

> *"우리는 그저 애들이 그리운 거예요."*
>
> – 영화 〈매스〉 중에서

선생님, 우리는 헤이든의 엄마 린다, 그리고 아빠 리처드입니다. 막내아들 헤이든은 엄청난 일을 저지르고 스스로 목숨을 끊었고, 우리는 세상 사람들이 모두 증오하는 총기 난사범의 부모입니다.

벌써 6년이 지났습니다. 사람들은 조금씩 잊어가는 듯하지만, 그 일은 우리 가족에게 끝나지 않은 현재 진행형 사건입니다. 많이 줄긴 했지만 지금도 전국 각지에서 날아드는 편지를 받습니다. 욕하는 편지, 위로의 편지, 사건과 아무 상관없는 괴상한 내용의 편지까지 다양합니다.

사건 직후에는 욕설이 가득한 편지가 대부분이었어요. 그래도 지금은 정신이 이상한 사람이 쓴 것 같은 기이한 글이 주를 이루는 걸 보면, 헤이든이 저지른 그 일이 많은 사람의 기억 속에서 점차 흐릿해지고 있는 듯합니다. 그렇게 믿고 싶어요. 그때는 우리 가족을 향한 이 세상 사람들의 분노가 영원할 줄 알았습니다. 다행이라는 말씀을 드리려는 것은 아닙니다. 우리가 어떻게 다행이라는 말을 입에 올릴 수 있겠어요.

선생님을 찾은 이유는 며칠 전 에번의 부모님을 만나 대화를 나눌 기회가 있었는데, 그 만남 이후 우리 부부가 느낀 마음에 대해 여쭤보고 싶어서입니다. 에번은 우리 아이가 쏜 총에 맞아 사망한 여러 아이 중 한 명입니다.

그 아이, 에번의 부모님이 우리를 만나고 싶다고 연락을 해왔습니다. 에번 부모님을 돌보고 있는 켄드라 선생을 통해서요. 그분들과 얼굴을 마주하고 얘기를 해본 적은 한 번도 없습니다. 모두를 충격에 빠뜨린 엄청난 사건이 일어났을 때 우리는 사람들을 피해 다닐 수밖에 없었고 피해자 부모를 감히 직접 대면할 용기 따위는 우리에게 없었습니다. 특별히 다른 이유가 있었던 것은 아니에요. 그때 왜 그렇게 피해 다녔는지 기억조차 가물가물

하지만 아마도 두려움 때문이었던 것 같습니다.

그분들도 당연히 우리를 보고 싶지 않을 거라고 믿었습니다. 자기 자식을 죽인 아이의 부모란 사람을 대면한다면 그저 똑같이 죽이고 싶은 마음이 들 테니까요. 주변 사람들도 우리에게 그렇게 조언했습니다. '모습을 드러내지 마라.' 그래서 우리는 철저하게 숨어 있었고, 변호사의 도움을 받아 간단한 애도 성명서만 냈을 뿐 나서지 못했습니다. 우리 부부는 혼란의 소용돌이에 빠져 있었기에 무엇이 옳고 그른지 판단할 수 없었고, 피해자 부모 앞에서 무슨 말을 해야 할지도 몰랐습니다. 그건 지금도 마찬가지입니다. 당시 변호사 뒤에 숨어 나타나지 않는다며 우리 부부를 맹렬하게 비난했던 에번 부모님의 모습을 언론을 통해 보았습니다. 헤이든이 가해자가 아니라 에번과 같은 피해자였다면(수천 번도 더 반복했던 무용한 그 생각을 여전히 합니다) 저희도 에번 부모님처럼, 아니 그보다 몇 배는 더했을 겁니다.

사건의 충격을 수습할 여유 따위는 없었습니다. 끝없는 소송과 재판이 이어졌으니까요. 법정에서 역시 그분들을 만나지 않았습니다. 그렇게 온 나라를 발칵 뒤집어놓은 살인마, 헤이든을 자식으로 둔 죄인으로 살아왔습니다. 우리에게는 헤이든 말고 다른 아이들이 있었고 그 아이들은 살려야 했기에 살아낼 수밖에 없었습니다. 그 아이들에게는 죄가 없잖아요. 감당해야 할 형벌이 있다면 온전히 부모의 몫이죠. 남은 아이들은 철저히 보호해야만 했습니다. 고통스럽고 어려웠지만 어쨌거나 시간을 견디다 보니 지금까지 왔습니다.

에번 부모님이 우리에게 만나고 싶다는 의사를 전해왔을 때, 솔직히 왜 지금 이 시점에 이런 제안을 하는지, 다른 의도가 있는 건 아닌지 궁금하고 불안했습니다. 그런데 우리가 거절할 위치는 아니잖아요. 그래서 그러자고 했습니다. 물론 억지로 끌려나간 건 아니에요. 그분들이 어떻게 지내는지 자주 궁금했거든요. 켄드라 선생은 이번 만남이 에번 부모님께 꼭 필요한 과정이라고 말하더군요. 우리 부부가 그분들에게 어떤 '필요'를 충족시킬 수 있다면 그 자체로 괜찮은 일이라 생각했습니다.

에번 부모님과 저희 부부는 한적한 곳에 있는 작고 아늑한 교회 모임방에서 만났습니다. 떨리고 긴장됐고, 어떤 표정과 말로 첫인사를 나눠야 할지 몰라 초조했습니다. 교회 문 앞에서 몇 번이나 발길을 돌리고 싶었지만, 간신히 마음을 다잡고 마침내 에번의 부모님을 만났습니다.

불편해 보이기는 그분들도 마찬가지였습니다. 결코 반가울 수 없는 사이였던 우리는, 어색한 인사를 나누며 각자 에번의 동생 소피와 헤이든의 형 스티븐의 안부를 물었습니다. 부모 못지않게 힘든 시간을 겪어야 했던 아이들이었으니까요.

켄드라 선생의 조언대로 우리 네 사람은 각자가 가져온 아이들의 사진을 보며 이야기를 나누기 시작했습니다. 대화할 거리를 미리 정해주어 다행이었어요. 그렇지 않았다면, 침묵을 깨고 이야기를 시작하는 데 한참 걸렸을 겁니다.

에번 어머님이 먼저 에번의 사진 몇 장을 꺼내어 보여줬습니다. 손으로는 사진을 우리 부부 쪽으로 밀어 보여주었지만 표정은 굳어 있었습니다. 그러시겠죠. 더 이상 자라지 못하고 사진 속에 박제된 아이, 에번의 앳된 얼굴이 사진에 담겨 있었습니다.

크리스마스 가족사진을 보다가 에번 어머님이 갑자기 이야기를 멈췄습니다. 그때가 마지막이었다고 하시더군요. "마지막 크리스마스 가족사진"이라는 말에서 '마지막'이란 단어가 채찍이 되어 아주 고통스럽게 저를 내리쳤습니다. 우리도 에번네처럼 많은 것이 마지막이 되어

끝났지만 돌아올 수 없는 그날이 그립다고, 다시 돌아가고 싶다고 말할 수는 없었습니다.

그분들은 곁에 있는 전문가 선생님의 격려와 도움으로 여기까지 왔다고 했습니다. 에번의 어머니와 아버지는 저희와의 만남을 통해 무언가 치유를 받고 싶었다고도 덧붙였습니다. 그분들이 원하는 치유와 회복을 위해 우리 부부에게 꼭 해야 할 말이 있다고 했습니다. 하지만 중간중간 감정이 격해지는 것이 느껴졌고, 이를 악물고 가까스로 뭔가를 자제하는 듯했습니다. 우리 부부를 통해 헤이든의 모습을 떠올리며 끔찍한 감정에 휩싸이는 것 같았어요. 사실 이런 상황에 너무 익숙합니다. 우리가 그 사건을 일으킨 가해자의 부모라는 것을 알게 된 순간 변하는 사람들의 눈빛을 숱하게 보았거든요. 에번 부모님은 과거 일에 관해 추궁하거나 공격하거나 복수하기 위해 온 것이 아니라고 몇 번이고 반복해 말씀하셨지만, 그것은 우리 부부에게 하는 말이 아니라 스스로를 향한 다짐같이 들렸습니다. 저는 느낄 수 있었습니다.

에번 부모님이 사진을 꺼내 에번의 이야기를 한 것처럼, 저도 헤이든 얘기를 해드리고 싶었습니다. 태어날 때부터 총기 난사범이 될 싹을 가지고 있었던 것은 아니었다고 말씀드리고 싶었어요. 생각해보면, 우리가 에번 부모님을 찾아온 가장 큰 이유는 바로 이 이야기를 전하고 싶었기 때문인 것 같습니다. 헤이든은 달팽이 키우는 것을 좋아했던 아이였습니다. 아이가 만든, 유리병에 담긴 종이 동물원도 보여드렸습니다만 두 분은 헤이든의 어린 시절 이야기를 듣고 싶어 하지 않는 눈치였습니다. 그분들은 우리 아들 헤이든이 총기 난사범이 되기 직전에 어떤 '변화'가 있었는지를 알고 싶어 했습니다. 그분들이 수용할 만한, 납득할 만한 변화요.

선생님, 우리도 사랑으로 키운 아들 헤이든이 선생님과 친구를 죽일 거라고 단 한 번도 생각해보지 못했습니다. 우리는 우리가 알고 있던 헤이든에 관해 이야기했지만 에번 부모님은 분명히 있었던 어떤 조짐을 알아채지 못한 것은 부모가 책임을 다하지 않은 것이라며 몰아붙였습니다. 부모면서 그런 변화를 어떻게 모를 수 있냐고 했어요. 급기야 우리 부부가 고통받고 벌받고 처절하게 후회하는 모습을 보고 싶다며 소리 지르시더군요. 에번 부모님이 보기에 우리가 너무 멀쩡해 보였나 봅니다. 에번 부모님만 그랬던 것이 아닙니다. 세상 사람 모두 헤이든이 자신들과는 완전히 다른 어떤 불길하고 악마적인 본성이 있는 아이이길 바랐습니다. 뇌과학으로 설명하기도 하고, 각종 정신과적 진단명을 붙이기도 했습니다. 온라인 게임 중독자, 우울증에 빠진 청소년, 왕따, 성소수자, 부모와 소통하지 않았던 아이, 그리고 공감 능력 제로의 사이코패스 살인마.

하지만, 선생님. 우리 가족은 그 몇 가지 단어만으로 헤이든을 모두 설명할 수 없다는 것을 압니다. 결국 이렇게 끝났지만 헤이든은 우리 가족이었고, 소중한 막내아들이었습니다. 그 사실을 부인할 수는 없습니다. 온 세상이 헤이든을 증오합니다. 물론 이해합니다. 그러나 그렇기 때문에 부모인 우리까지 헤이든을 증오할 수는 없었습니다.

대화는 두 시간 가까이 이어졌고 우리 네 사람은 어색하게 헤어졌습니다. 언제든지 연락해서 만나자고 했지만 아마 다시 뵙지는 못할 것 같습니다. 에번 부모님이 우리 부부를 만난 것이 그분들에게 치유가 되었는지는 모임을 마친 후인 지금도 여전히 알 수 없습니다. 하지만 헤어질 무렵 주저하던 그 말씀을 하셨습니다.

"우리는 두 사람을 용서했어요, 그리고 헤이든도 용서할 거예요." 그 얘기를 하기 위해 그분들에게는 우리 부부가 필요했고, 우리는 기꺼이 응했습니다. 그것이 우리가 할 수 있는 최선이었습니다. 에번 부모님이 '용서'를 언급하셨지만 우리는 평생 우리를 용서할 수 없을지도 모릅니다. 용서는 가해자의 것이 아니니까요.

선생님, 에번 부모님을 만나고 집에 돌아와서 말로 표현할 수 없는 복잡한 감정에 빠졌습니다. 피해자의 부모가 '우리 네 사람 모두 무엇인가를 똑같이 잃은 것'이라고 말씀해주셨지만 그들의 헤아림이 마음을 더 깊게 짓누릅니다. 헤이든을 세상에 내놓은 우리 부부만이라도 헤이든을 사랑하고 그리워하기로 마음먹었지만 그래도 괜찮은 걸까 하는 의심이 듭니다. 선생님과 이에 관해 이야기 나눠보고 싶습니다.

매스
Mass

2021. 미국. 12세 이상 관람가. 드라마. 111분.

감독 프란 크랜즈.
출연 제이슨 아이삭스, 앤 도드, 마샤 플림튼, 리드 버니 등.

상 담 실 에 서

헤이든 부모님! 에번 부모님을 만나기까지 얼마나 오랫동안, 얼마나 많이 번민하셨을까요? 헤이든은 범죄자 이전에 두 분의 아들이라는 사실을 인정하기까지 보냈던 고통의 시간을 제가 감히 어떻게 가늠할 수 있을까요?

에번 부모님의 요청에 관해 '우리에게 선택권이 없었다'고 하셨지만 제 생각은 그렇지 않습니다. 이제 와서 왜 우리를 만나고 싶은지, 예측하지 못한 위해를 당하지는 않을지, 아니면 간신히 그 일에서 벗어나 어쨌거나 일상을 살아가고 있는 지금의 평화가 깨지지는 않을지, 에번 부모님을 만난 것이 알려져 또다시 사람들의 구설에 오르거나 증오의 메시지를 받지는 않을지 왜 걱정이 없으셨겠어요. 그럼에도 불구하고 피하지 않으셨고, 용기를 내주셨습니다.

두 분의 말씀을 들으니 자연스럽게 《나는 가해자의 엄마입니다》를 쓴 수 클리볼드 씨가 떠오릅니다. 아마 두 분도 수 클리볼드 씨를 아시리라 생각합니다. 1999년 4월 20일 콜럼바인 고등학교에 다니던 에릭 해리스와 딜런 클리볼드가 동료 학생 열두 명과 교사 한 명을 살해하고 스물네 명에게 부상을 입힌 후 스스로 목숨을 끊었습니다. 16년이 흐른 후 딜런 클리볼드의 엄마인 수 클리볼드 씨는 '알 수 없는 것을 이해하려고 애쓰는 데 바친 16년'이라는 주제로 한 권의 책을 엮어냈습니다. 그리고 출간 이후 청소년 정신건강 증진과 자살 예방에 헌신하는 활동가가 되었습니다.

저는 몇 년 전 시카고에서 열린 한 자살 관련 학술회의에서 그분의 강의를 들은 적이 있습니다. 제 곁을 스쳐 지나간 순간이 지금도 생생합니다. 긴장이 약간 배어 있는, 동시에 차분하고 선선한 눈빛을 하고 계셨어요. 자기 이야기를 세상에 건네기 위해 무언가를 단단히 다잡고 있는 듯했습니다. 학회에 온 많은 정신건강 전문가와 당사자 활동가들은 그녀를 환대하며 목소리에 귀를 기울였지만 모든 사람이 그녀의 활동을 응원하고 지지했던 것은 아닙니다. '악마를 낳은 사람이 뭐가 잘났다고 사람들을 가르치려고 하느냐. 꼴을 보니 자식을 어떻게 키웠는지 알겠다. 얼굴 내밀지 말고 희생자들에게 평생 속죄하면서 살아라.' 그녀가 출연하는 곳마다 이런 댓글이 따라다녔습니다 클리볼드 씨도 알고 있었겠죠. 본인이 어떤 의미 있는 활동을 하더라도 모든 사람이 응원할 일은 결코 없으며 누군가는 반드시 냉혹한 비난과 비판의 목소리를 낼 것이라고요.

제가 헤이든 부모님께 이 얘기를 꺼낸 이유는 두 분도 클리볼드 씨처럼 세상을 이롭게 하는 공적 활동에 참여하라고 독려하기 위함이 결코 아닙니다. 괴물을 낳고 길렀다는 압도적인 수치심과 공포의 시간을 감내하면서, 엄마로서 알았거나 알지 못했던 아들의 모든 것을 공개하는 일이 또 다른 비극을 막는 길이라 믿은 그녀의 '선택'에 담긴 의미를 함께 생각해보고 싶어서입니다. 저는 수 클리볼드 씨가 자식이 저지른 끔찍한 행위를 부모로서 참회하면서도, 그럼에도 불구하고 자신이 낳은 자식을 끝내 사랑하기로 선택하는 용기를 보여줬다고 생각합니다. 이것은 옳고 그름을 따질 수 있는 문제가 아닙니다.

용기를 표현하는 방식은 다를 수 있습니다. 헤이든 부모님은 에번 부모님을 마주하기로 결정했고 그분들이 알고 싶어 하는 질문에 최선을 다해 답변했습니다. 피할 수 있었음에도 용기를 낸 거죠. 에번 부모님은 두 분을 놓아주겠다고, 심지어 용서하겠다고 말했고 그것은 그분들의 선택이자 용기였습니다. 에번 부모님은 애초에 두 분을 용서하는 일이 비극적으로 세상을 떠난 아들 에번을 저버리는 것이라 결코 그래서는 안 된다고 생각했습니다. 그래서 끝까지 그 말을 입 밖에 내는 것을 주저했죠. 하지만 결국 '용서'라는 단어를 간신히 끌어내 말했습니다. 에번을 애도하고 기억하는 일과 가해자의 부모를 용서하는 일이 서로 대치되거나 모순되는 것이 아님을 알게 되었기 때문입니다.

불교에서는 분노와 복수의 무의미함을 '뜨거운 석탄hot coal'에 비유합니다. 타인을 향한 원망과 복수를 붙잡고 있는 일은 남이 던진 뜨거운 석탄을 손에 쥔 채 스스로를 태우는 일과 다르지 않다는 것이죠. 에번이 죽은 뒤 그 부모님은 뜨거운 석탄을 손에 쥐고 고통스러워하느라 서로를 보지 못했습니다. 그러나 헤이든 부모님과의 대화를 통해 그분들은 마침내 손을 펼쳐 뜨거운 석탄을 내려놓기로 '선택'했습니다. 제가 선택을 강조한 이유는 용서란 누구의 강요나 설득으로 행할 수 있는 것이 아니라 오직 끝

없는 내적 투쟁 끝에 스스로 도달하는 고유한 결단이기 때문입니다. 더구나 용서는 한 번의 결심으로 완료되는 사건이 아니라 살아 있는 한 지속적으로 되새기고 지켜내야 하는 현재 진행형 행위입니다. 아마도 에번 부모님은 그날의 선택을 이어가기 위해 앞으로 끊임없이 애쓰실 거라 믿습니다.

두 분은 에번 부모님이 현재를 살 수 있도록 그분들의 시간과 공간에 참여해주었습니다. 헤이든을 키우면서 알거나 몰랐던 헤이든의 이야기를 해주었고, 가해자의 부모라는 지울 수 없는 낙인을 안고 살아가는 고통에 대해 진솔하게 얘기했습니다. 가해자이기 때문에 누구에게도 위로와 애도를 받을 수 없었던 아들의 자살로 느낀 깊은 슬픔을 표현하기도 했죠. 가해자의 부모, 희생자의 부모로 만났지만 대화를 통해 거기 있는 모두가 '부모'라는 공통의 현실에 공감했다고 생각합니다.

만남 이후 헤아릴 수 없는 복잡한 감정에 빠졌다는 말씀이 지닌 무게와 깊이를 헤아릴 수 있습니다. 혹시 헤이든 이야기를 할 때 실제보다 가혹하게 왜곡한 것은 없는지, 반대로 지나치게 미화한 것은 없는지, 그리고 그 모든 것이 진실이긴 한지 얼마나 많은 생각을 곱씹었을까요? 그런 생각에 머무르는 시간이 '잠시'이길 바랍니다. 간신히 빠져나온 어둠의 터널로 거슬러 되돌아가지 않길 진심으로 기도합니다.

그날 먼저 자리에서 일어나느라 교회 성가대가 부르던 찬송가를 듣지 못하셨죠? 뒤늦게 나오던 에번 부모님이 발걸음을 멈추고 한참을 귀 기울여 들었던 그 찬송가는 〈주 믿는 형제들은Blessed Be the Tie That Binds〉라는 곡이었어요. 헤이든 부모님도 꼭 들어보셨으면 좋겠어요.

헤이든의 부모님과 에번의 부모님은 모두 감당할 수 없는 큰 상처를 받은 인간이고 고통의 시간에 던져졌습니다. 저는 찬송가 가사를 살펴보며 절대자 앞에서는 가해자와 피해자라는 경계는 희미해지고 고통 뒤에 남겨진 나약한 존재로 서 있을 뿐이라는 생각이 들었습니다.

헤이든 부모님! 자식을 세상에 내어놓을 때, 장차 이 아이가 남을 괴롭히고 모욕하며 세상에 악을 전파하는 사람이 되길 바라는 부모는 단 한 명도 없을 겁니다. 두 분은 나름 최선을 다해 부모의 책임을 다하려 애쓰셨지만, 그 사랑이 헤이든에게 온전히 닿지 못한 순간도 있었음을 부정할 수 없을 겁니다. 바로 그 간극이 두 분에게 깊은 죄책과 절망으로 돌아왔음을 압니다. 두 분은 그 한계를 처절하게 마주했고, 그 무게의 깊이를 감당하게 된 거겠죠. 온 세상이 증오하는 헤이든이 엄마 린다와 아빠 리처드의 영원한 아들일 수밖에 없음을 인정하는 것, 그 자체가 두 분이 감당해야 할 가장 고통스러운 운명이자 부모로서 끝내 내려놓을 수 없는 사랑일 겁니다. 그 애도 과정이 무척이나 외롭고 괴로우리라 생각합니다. 몇 배의 참혹한 시간을 건너 '용서'를 위해 찾아온 에번 부모님과의 만남을 기억해주시길 바랍니다. 그 괴로운 만남이 양쪽 부모에게 남긴 의미를 오래오래 곱씹어주시길 바랍니다.

애도 강의실

불가능해 보이는 용서 그리고 애도

영화 〈매스〉는 정서적으로 상당히 고단한 영화입니다. 6년 전 학교에서 일어난 총격 사건의 가해자 부모와 피해자 부모의 만남, 6년이라는 짧지 않은 세월이 지났지만 그때의 상처로부터 자유로운 사람은 그 공간에 아무도 없습니다.

영화는 상당한 시간을 할애해 관객들에게 한 공간에서 대화를 나누는 두 부부의 이야기만 따라가도록 합니다. 영화를 보면서 저는 마치 그들 사이의 어중간한 자리에 심리 치료사로서 앉아 관찰하는 듯한 기분이 들었습니다. 네 사람 모두의 감정과 생각, 드러나는 태도와 행동, 서로를 향한 언어적·비언어적 반응의 교환까지 어느 것 하나 허투루 놓칠 수가 없어 온몸의 감각을 예민하게 세우고 앉아 있는 심리 치료사 말이죠. 얼마나 긴장을 하고 집중했던지 영화관을 나설 때는 상담 몇 회기를 쉬지 않고 몰아친 것 같은 피곤함이 몰려왔습니다.

글을 쓰는 순간에도 마찬가지였습니다. 이 영화를 책에 포함시켜야 할지 오랫동안 망설였고, 결심이 선 뒤에는 어떤 인물을 주인공으로 삼을지 한동안 방향을 잡지 못했습니다. 가해자 쪽인 헤이든의 부모가 상담을 받는 설정으로 이야기를 열어놓고도 좀처럼 속도를 내지 못하고 한동안 글을 멈추고 있었습니다.

영화가 던지는 몹시 불편한 질문들이 있습니다. 엄청난 범죄를 저지르고 스스로 목숨을 끊은 사람도 애도해야 하는가? 가해자 부모도 피해자 부모와 같은 방식으로 위로받아야 하는가? 자식이 저지른 죄에 대해 부모는 어디까지 책임이 있는가? 타인을 용서한다는 것은 무엇인가?

세상을 들썩이게 만든 큰 사건·사고가 벌어지면 우리는 보통 피해자와 그 가족들이 겪고 있을, 그리고 앞으로 겪을 고통과 역경에 공감하며 그들을 걱정하고 연민합니다. 트라우마를 비롯한 각종 심리적인 이슈뿐 아니라 그 사건을 통해 드러난 우리 사회의 구조적 문제를 변화시키려는 노력이 동반되기도 합니다. 피해자에게 힘을 보태는 한편 잊지 않고 함께하겠다며 나서는 사람들도 있습니다. 누군가는 당사자보다 더 큰 분노의 불을 뿜기도 합니다. 그러나 시간이 조금 흐른 뒤 앞다퉈 기억하겠다며 목소리를 높였던 사람들은 아직은 이른 듯한 시기에 썰물처럼 사라집니다. 행동하는 사람은 줄고, 문장만 쌓이곤 합니다. "기억하겠습니다. 잊지 않겠습니다."

이런 상황에서 범죄를 저지른 가해자를 애도하는 마음을 표현한다거나 가해자 가족들이 처한 현실에 대해 연민 어린 태도를 취하는 것은 불가능에 가까운 일일 수도 있습니다. 그래서 저도 애도 교육을 할 때 시간 여유가 없음을 핑계 삼아, 혹은 강의 내용의 범위를 넘어서는 일이라고 얼버무리며 '범죄자의 자살은 남겨진 사람에게 훨씬 더 복잡한 애도 과정을 거치게 한다' 정도로 넘어가버리곤 했습니다. 그렇게 비겁하게 피해왔던 복잡한 애도의 이야기를 저는 이 영화를 통해 해보고 싶었습니다.

'용서'라는 낯설고 끈질긴 투쟁

범죄에 연루된 남편이 집에서 멀리 떨어진 낯선 도시에서 시신으로 발견되었다는 소식을 들었을 때 아내는 만삭이었습니다. 그녀의 남편은 남들의 손가락질을 받는 지저분한 범법 행위를 했고, 본인이 저지른 행동에 책임을 지지 않기 위해 스스로 목숨을 끊었다고 아내는 믿었습니다. 그래서 남편의 죽음을 슬퍼하지 않기로 했습니다. 남편의 장례식을 외면했고 남편을 아는 모든 사람과 관계를 끊었습니다. 아이에게 범죄를 저지르고 비겁하게 목숨을 끊은 아버지의 존재를 철저하게 비밀로 했습니다. 아내는 회사 동료들이 누군가의 자살을 얘기하거나 아이가 호기심 어린 눈으로 아빠에 관해 질문할 때마다 자리를 피하거나 괜히 짜증을 내거나 화제를 돌리려 애쓰느라 지속적으로 긴장과 불안을 느끼고 있었습니다. 오랜 상담 끝에 그녀는 그런 남편을 선택한 자신을 향한 비난과 수치심을 거두고 연민하기 시작했습니다. 과거의 일로부터 영원히 도망친다는 것은 불가능함을 인정하게 되었고, 회피를 멈추고 현실에 닻을 내리기로 결심했습니다. 아빠가 저지른 일을 딸이 알고 행여 잘못될까 봐 노심초사하는 마음을 단념하니 '과거'의 불안에 갇혀 있느라 보지 못했던 '현재' 눈앞에 있는 딸이 새롭게 보였습니다. 그녀는 남편을 용서하기로 했고 처음으로 남편이 있는 추모 공원을 찾았습니다.

에번의 어머니는 헤이든의 부모님을 '용서'하겠다고 했습니다. 용서하다forgive는 '주다give'와 '이전에before'에서 파생된 단어라고 합니다. 그런 의미에서 용서는 어떤 일이 일어나기 전에 있었던 그 무엇을 자신에게 돌려준다는 뜻이기도 합니다. 에번의 부모는 6년 전에 아들의 목숨을 앗아간 그 엄청난 일로 매우 고통스러운 시간을 보냈습니다. 분노하고 또 분노하며 세상의 불공정함에 괴로움을 느꼈겠죠. 때로는 에번의 죽음을 헛되이 하지 않기 위해 세상을 바꾸는 '가치 있는 일'에 헌신하고자 했지만 그 행위 역시 에번의 부모에게 마음의 평화를 가져다주지 못했던 것 같습니다. 결국 에번의 부모는 헤이든과 헤이든에 부모를 만나 '용서하겠다'는 말을 하기로 선택하기에 이릅니다. 헤이든의 부모가 에번 부모의 그 말을 듣고도 마음이 가벼워지지 않았던 이유는(이것은 전적으로 제 추정에 의한 가정입니다) 용서란 다른 사람을 향한 것이 아니라 오로지 자신을 향해 있는, 자신을 위한 것이었기 때문입니다. 영화 후반 에번의 어머니는 절규합니다. 그 일에 매달리고 아파하느라 남편도 딸도 서로 연결되지 못했던 그들의 삶이 얼마나 외롭고 고통스러웠는지를요. 그래서 내려놓고 싶다고 말합니다. 어쩌면 용서는 과거의 고통으로부터 벗어나게 하는 자유이자 미래를 향한 결심의 다른 말일지도 모르겠습니다.

흔히 '용서했다'고 하면, 그 일을 잊었다거나 그 행위를 용납했다거나 혹은 사건 자체가 더 이상 중요하지 않아졌다는 뜻으로 오해합니다. 피해자 에번의 부모는 헤이든의 부모에게 할 수 있는 한 가장 잔인한 형벌을 내리고 싶은 분노로 삶을 산화시켜왔고, 그들을 용서하는 행위는 에번을 저버리는 일이라 생각했습니다. 하지만 결국 그 생각들이 무의미하다는 것을 깨달았습니다. 그래서 놓아주기로 선택한 것입니다. 헤이든 부모와의 만남이 용서로 나아가는 계기가 된 것은 분명하지만 단 한 번의 만남으로 그들의 고통에 마침표가 찍힐 수는 없을 겁니다. 어쩌면 용서에 도달하기 전의 고통과 별개로 용서를 시도한 이후에 남는 고통이 그들을 기다리고 있을 수도 있습니다. 따라서 그들에게 용서는 상실의 고통스런 기억과 함께 살아내기 위해 해나가야 할 끈질긴 내적 투쟁일지도 모르겠습니다.

헤이든의 부모는 어떨까요? 그들은 누군가를 용서해야 할 위치에 있지 않습니다. 하지만 용서의 본질이 타인의 행위를 향한 것이 아니라 내적 고통으로 점철된 삶을 견디고 이어가기 위한 실존적 결단이라면 그들은 스스로를 '용서'해야 합니다. 그런 면에서 헤이든의 부모도 에번의 부모와 다르지 않다는 생각이 듭니다. 생살여탈권을 쥔 절대자 앞에 우리는 그저 나약한 인간일 뿐 가해자의 부모도, 피해자의 부모도 모두 고통을 안고 살아가야 한다는 점에서 다르지 않다는 것, 영화는 그 메시지를 전달하려는 것 같습니다.

모든 피해자는 진실을 알고 싶어 합니다. 한 점 의혹 없이 참사의 과정이 밝혀지는 것이 피해자의 회복과 치유에 필수 조건입니다. 저는 이것을 부정하려는 것이 아닙니다. 불가능해 보이는 용서를 이야기하고 있지만 만약 제가 에번 부모님의 처지가 된다고 하면 6년이 걸려 가해자의 부모를 마주해 '용서'를 입에 올릴 수 있을지 확신이 없습니다. 용서를 행동으로 옮기는 것과 아무 일도 일어나지 않은 상황에서 머릿속으로 이해하는 것은 완전히 다른 문제니까요. 그렇게 힘든 일이기에 어떤 종교든 끊임없이 용서를 말하는 것 같습니다. 인간의 힘만으로는 도달하기 어려운 지점이어서요.

고통을 겪는 사람을 대할 때 필요한 태도

끝으로 영화 초반 교회 모임방 준비를 돕는 집사 '주디'에 대해 언급하고 싶습니다. 주디는 자신이 경험해보지 못한 고통 속에 있는 타인을 마주하는 사람이 흔히 보이는 전형적인 태도를 보여주었는데, 그 점이 인상적으로 다가왔습니다. 도움이 되고 싶은 선의는 가득하지만 자기의 말이나 행동, 공간의 상태 하나하나가 행여 그들에게 불편함을 끼칠까 봐 긴장하고 불안해하며 동분서주하는 모습이요. 테이블과 의자의 위치부터 모임방 창문의 장식, 멀리서 들려오는 찬송가 연습 소음, 티슈를 올려놓을 곳까지 하나하나 분주하게 점검합니다.

제가 처음 자살 사별자 자조 모임을 시작할 때도 비슷했습니다. 1인당 하나씩 휴지를 곁에 두는 것이 좋을까, 가운데 테이블 위에 하나만 둬야 할까? 방안에 있는 저 그림이 이 모임에 어울릴까? 시계가 보이는 데 있어야 할까? 특히 주디가 간식을 왕창 사서 모임방에 펼쳐놓으려는 모습을 보며 피식 웃음이 났습니다. 저희도 물과 각종 음료, 1인용 쿠키와 사탕, 초콜릿까지 마련했었습니다. '우리가 당신들을 위해 이렇게나 많이 신경 썼어요!'를 보여주는 가장 간단한 방법이 바로 간식이거든요. 물론 지금은 그렇게 하지 않습니다. 그분들은 서로를 만나 대화하고 싶은 것이지 간식을 드시러 오는 게 아니니까요. 감히 상상할 수 없는 고통을 겪은 사람을 대할 때 필요한 태도는 자연스러움과 편안함인 것 같습니다. 과도한 조심성과 배려는 오히려 그들이 겪은 고통을 우리와 나눌 수 없는 특별한 어떤 것으로 선을 긋는 모양새가 될 가능성이 있습니다.

'고통'은 인간 삶의 본질입니다. 시기와 종류가 다를 뿐 우리 모두 고통을 겪을 운명입니다. 이런 관점을 취해야 고통을 겪는 타인 곁에 오래 함께 있을 수 있습니다. 돌보려는 사람이 취해야 할 태도는 일방적으로 무엇인가 베푸는 것이 아니라 타인의 고통을 향해 몸을 기울여 살펴보고 그들이 겪는 감정을 편견 없이 궁금해하는 것입니다. 그렇게 동반자가 되어야 합니다. 고통 속에 있는 누군가의 곁에서 혹시 아래와 같이 반응하고 있진 않나요?[16] 이런 반응을 알아차리고, 하지 않으려 노력하는 것이 어쩌면 제대로 돌보는 일보다 더 나을 수 있습니다.

- 속담으로 예를 드는 것. "시간이 약이다.", "아무리 안 좋은 상황에서도 한 가지 긍정적인 측면은 있다."
- "긍정적으로 생각하라"고 말하는 것.
- 상황에 대해 질문하고 나서 주제를 빠르게 바꾸는 것.
- 조언하려 드는 것. "당신은 이 일을 어떻게 하실 건가요?", "그렇게 하는 것에 대해 생각해본 적이 있나요?", "아 맞아요. 저도 비슷한 경험을 했고 그때 나한테 통했던 방법이 있습니다. 이렇게 해보시면

어떨까요?"

- 고통을 극복하고 이겨내라고 하는 것. "자꾸 움직이세요.", "그렇게 혼자만 있지 말고 사람을 만나세요.", "극복할 시기가 온 것 같습니다."
- 감정을 있는 그대로 수용하지 않고 자기 방식대로 평가하거나 실제 감정의 의미를 왜곡하는 것. "꼭 나쁜 것만은 아닙니다.", "참고 견디세요.", "기운 내세요.", "그렇게 생각하는 것은 전혀 논리적이지 않습니다.", "너무 부정적인 측면에만 편협하게 몰두하고 있군요."
- 고통을 하찮고 가볍게 여기는 것. "아프리카에서 굶어 죽는 아이들도 있습니다."
- 고통으로부터 멀어지도록 하는 것. "술이나 마시자.", "이럴 때일수록 나가 놀아야지."
- 함께 시간을 보내려 하지 않거나 연락을 피하는 것.
- 해결사처럼 행동하는 것.
- 돕고 싶다고 말만 할 뿐 실제로는 돕지 않는 것.
- 듣는 사람이 되려 애면글면 조바심 내는 것.
- 이야기를 듣긴 하지만 진심으로 수용하지는 않는 것.
- 그저 안심만 시키려 하는 것.
- 문제 해결과 관련된 정보를 제공하지만 감정은 묻지 않는 것.
- 고통을 최소화하려고 노력하는 것. "시간이 지나면 모두 추억이 됩니다.", "몇 년 후면 당신은 부쩍 성장해 있을 거예요."

- 오히려 나무라는 것. "일을 너무 크게 만드시네요.", "어른답게 성숙하게 대처하세요."
- 고통 속에 있는 사람을 탓하는 것. "당신이 자초한 부분이 있습니다.", "이렇게 했더라면 이런 일은 생기지 않았을 겁니다."
- 그저 무시로 반응하는 것.

아빠를 어떤 사람으로 기억해야 할까요?

어린 시절 떠난 부모를 기억하는 법

> *"같은 하늘 아래 있다는 게 좋아.*
> *노는 시간에 가끔 하늘을 올려다보거든.*
> *그러다 태양이 보이면 우리가 같은 태양을 볼 수 있단 사실을 떠올려.*
> *비록 같은 장소에 함께 있진 않더라도 같이 있는 거나 다름없잖아.*
> *같은 하늘 아래. 아빠랑 내가 있는 거니까.*
> *그럼 함께 있는 거지."*
>
> – 영화 〈애프터썬〉 중에서

안녕하세요. 저는 소피라고 합니다. 오래 전 저와 함께 한 여행을 끝으로 세상을 떠난 아빠 얘기를 하고 싶어 찾아왔어요. 십 년 넘게 세월이 흘렀고 저는 잘 지내고 있습니다. 사랑하는 파트너도 있고 우울감에 빠져 할 일을 못하거나 그렇진 않아요. 이렇게 강조해서 말씀드리는 이유는 지금 긴급하게 치료가 필요한 어떤 '병'을 갖고 있지는 않다는 걸 확인해드리고 싶어서예요. 다만 아빠를 떠올릴 때마다 마음속에 자욱하게 안개가 차오르고 한 발짝도 내디딜 수 없을 것 같은 답답함을 느끼는데 혹시 그것을 걷어낼 수 있을까 해서요. 만약 그렇게 할 수 있다면 제가 보지 못했던, 혹은 봐야만 하는 무언가가 선명하게 떠오르지 않을까 하는 생각이 듭니다. 선생님께서 도와주실 수 있을까요?

이번 생일에도 아빠와 함께한 마지막 여름휴가 비디오 영상을 틀었어요. 그때 제 나이는 열한 살이었고, 지금 저는 비디오 속 아빠 나이가 되었습니다.

아빠와 저는 개학을 며칠 앞둔 한여름, 튀르키예로 여행을 갔어요. 단둘이요. 아빠는 엄마랑 이혼한 지 벌써 오래였고 저는 엄마랑 살고 있었기 때문에 그렇게 긴 시간을 아빠와 단 둘이 보낸 적은 거의 없었어요. 언젠가부터 아빠는 일도 쉬고 있다고 들었고 그래서 형편이 넉넉하지 않다고 알고 있었는데 여름휴가, 그것도 해외여행이라니! 들뜨고 신났습니다. 마침 여행 기간 중 아빠 생일도 있었기에, 아빠가 저와 특별한 생일을 보내고 싶은 마음에 여행을 준비한 줄로만 알았습니다. 하지만 시간이 한참 흐른 뒤에 생각해보니, 어쩌면 아빠는 제게 세상을 떠나기 전 마지막 추억을 남겨주고 싶어서 그 여행을 계획했던 건 아닐까 싶더라고요.

아빠는 작은 비디오카메라를 가져와서 별것도 아닌 시시껄렁하고 우스꽝스러운 제 모습을 찍었어요. 저도 장

난처럼 아빠를 찍었습니다. 한 번은 제가 비디오카메라를 들고 아빠한테 물어봤어요. "자, 아빠는 지금 130살이고 이틀 뒤면 131살이 됩니다. 열한 살 때 아빠는 지금 뭘 할 거라고 생각했어요?" 아무 생각 없이 던진, 정말 열한 살다운 질문이잖아요. 진지한 질문이 아니었는데 아빠는 대답하지 않았어요. 못했던 걸까요? 그렇다면 왜 대답하지 못했을까요? 곧 이 세상을 떠날 거여서? 선생님, 그때 제 질문이 아빠를 더 힘들게 했을까요? 녹화 영상을 볼 때마다 이 장면에서 지어 보인 아빠의 표정을 해독하기 위해 애썼지만 속 시원한 답은 찾지 못했습니다. 이틀 뒤 서른한 살이 된 아빠는 서른두 살이 되지 못했고 그 대답은 영원히 듣지 못하게 됐죠. 제 아빠여서 그랬는지 몰라도 제게는 '서른한 살'이 마냥 큰 어른 같았어요. 완성형의 어른이요. 그런데 정말 어린 나이였네요. 제가 그 나이가 되니 알겠어요. 여전히 세상을 모르는 나이라는 걸 말이죠.

여름휴가 후 곧 아빠가 돌아가셨기 때문에 그때 우리가 함께 보낸 매 순간을, 아빠의 행동과 말과 표정을, 해석하고 이해해야 할 특별한 의미가 있는 것으로 포장하는 건 아닐까 하는 생각도 듭니다. 아빠의 삶의 이어졌다면, 그 여행은 그저 열한 살의 여름휴가였을 테니까요. 그런데,

선생님. 실제로 아빠의 죽음이 그때 우리의 여행과 아무 상관없이 벌어진 것일 수도 있잖아요. 그런데도 자꾸 저는 그 여행을 떠올리며, 놓쳐버린 이유를 찾으려 합니다.

그때 저는 어렸고, 아빠의 기분에 관심이 없었어요. 그건 당연한 거 아닐까요? 여행은 아빠가 저에게 주는 일종의 선물이었으니까 저는 그 선물을 즐기기만 하면 되는 거였잖아요. 우울한 에든버러에서 벗어나 따뜻한 해변에 있으니 몸도 마음도 달아올랐던 것 같아요. 그곳에서 언니 오빠들이 서로 추파를 던지는 것을 관찰하고 섞여 노는 것이 재미있었어요. 엄마한테서 벗어난 것도 좋았고, 다른 나라에 와 있다는 것도 좋았어요. 저는 그때 어린이에서 청소년기를 건너뛰고 어른이 된 느낌이었어요. 아빠뿐 아니라 주변 사람들 모두가 저를 어린애 취급했지만 저는 제가 다 알고 있다고 생각했어요. 어른들의 세상에서 일어나는 모든 것을요. 짜릿한 뭔가를.

아빠는 여행 내내 자꾸 저에게 뭔가 알려주려고 했어요. 예를 들면, 이런 것이죠. 공격으로부터 나를 지키는 호신술 같은 것이요. 저는 시시덕거리며 장난처럼 배웠는데 아빠는 정색했어요. "이건 꼭 배워야 해! 매우 중요한 거야." 그런데 왜 아빠는 스스로를 방어하지 못했을까요? 외부의 공격은 호신술로 피할 수 있어도 자기가 스스로에게 퍼붓는 공격은 피할 수 없는 걸까요?

여행 중 어느 날 밤, 숙소에서 파티가 열렸어요. 할아버지 할머니들은 앞에 나가 가라오케 반주에 맞춰 노래했죠. 저도 노래하는 걸 좋아해요. 아빠 몰래 듀엣 신청을 했는데 아빠가 짜증을 냈어요. 절대 하고 싶지 않다고, 저런 걸 하기에는 자기 나이가 너무 많다고요. 아니 왜요? 방금 전 할아버지가 노래를 불렀다니까요. 아빠를 버리고 혼자 나가서 노래를 불렀는데 제게 짜증 낸 게 미안했는지 "노래를 배우고 싶으면 학원 보내줄게"라고 했어요. 제 노래가 마음에 들지 않았나 봐요. 그때 제가 "그만해! 아빠 돈 없는 거 알아"라고 쏘아붙였어요. 저는 그냥 그 상황이 짜증나서 말한 건데 제가 아빠를 너무 무시했던 걸까요?

그날 밤 아빠가 사라졌어요. 같이 숙소로 돌아가자고 했는데 제가 싫다고 했거든요. 제 기분도 못 맞춰주는 아빠가 원망스러웠어요. 한참 놀고 숙소에 돌아가니 문은 잠겨 있고 아빠는 없었어요. 호텔 로비에 한참 있다가 깜박 잠이 들었나 봐요. 나중에 직원이 문을 열어줘서 방에 들어와 보니 아빠가 알몸으로 누워 죽은 듯이 자고 있었어요. 다음 날 아빠는 전혀 기억을 못하는 것 같았어요.

저는 상관없었는데 아빠가 제게 너무 미안하다고 했어요. 다시는 그런 일이 없을 거라고요. 그때는 대수롭지 않게 지나갔는데, 나중에 궁금해졌어요. 그날 밤 아빠는 어디에서 뭘 했던 걸까요? 혹시 그날도 죽음 가까이까지 갔다가 돌아온 걸까요?

여행이 끝날 무렵 아빠가 생일을 맞았는데 관광객들에게 부탁해서 서프라이즈로 함께 생일 축하 노래를 불러줬어요. 제가 꾸민 멋진 이벤트를 보고 아빠는 즐거워했다고 생각했어요. 그런 제가 스스로 무척 뿌듯했어요. 죽음을 생각하는 사람이 맞는 생일이라는 건 어떤 걸까요? 아빠는 그때 괴로웠을까요? 아니면 '살아야겠다'는 쪽으로 마음을 조금 돌렸을까요?

저랑 헤어지는 공항에서 아빠는 제가 아빠의 시야에서 사라질 때까지 비디오를 찍었어요. 저는 잘 가라고 인사를 했어요. 그 인사가 우리의 마지막이었습니다. 제가 아빠와 여행지에서 좀 더 머물렀다면, 아빠는 죽지 않았을까요? 런던에 집을 구하면 제 방을 만들어준다는 약속은 왜 한 걸까요? 죽기를 결심한 사람이 약속하는 미래의 의미는 무엇일까요?

선생님, 아빠는 저에게 "소피, 정말 사랑해, 그건 절대 잊지 마"라는 카드를 남겼어요. 유서 같은 카드. 아빠의 사랑을 기억할 때면 아빠의 죽음이 생각납니다. 그래서 아빠가 잊지 말라는 아빠의 사랑을 기억하기가 힘들어요. 그때의 영상을 돌려 볼 때마다 안 보이던 것이 보입니다. 아빠의 쓸쓸하고 고독한 모습이요. 그 앞에서 마냥 천진했던 저를 보는 것도 괴로울 때가 있어요.

여행지 태양이 너무 뜨겁고 환해서 아빠의 어둠 따위는 보이지 않았던 것 같아요. 그런데, 선생님. 어떨 때는 그때의 제가 아빠에게 뭔가 이상한 일이 일어나고 있음을 알았던 것 같기도 해요. 아니, 알았어요. 알았지만 다른 데 정신이 팔려 대수롭지 않게 넘겼어요. 그래서 죄책감이 들어요. 선생님, 아빠의 마지막 말처럼 사랑을 잊지 않을 방법이 있을까요? 아빠의 죽음을 떠올리지 않고 아빠의 사랑만 기억하는 일이 가능할까요?

애프터썬
Aftersun

2022. 영국·미국. 12세 이상 관람가. 드라마. 101분.

감독 샬럿 웰스.
출연 폴 메스칼, 프랭키 코리오, 셀리아 론슨-홀 등.

상담실에서

소피! 소피의 이야기를 듣고 튀르키예 바닷가를 찾아 보았습니다. 에메랄드 빛 바다에 따뜻한 햇살이 가득한, 정말 아름다운 곳이네요. 아빠와 단 둘이, 아마도 첫 해외 여행지였을 그곳이 아빠를 추억할 수 있는 마지막 장소가 되었군요. 그곳에서 소피가 모든 감각으로 느꼈을 강렬한 태양만큼이나 그 며칠 동안의 기억은 소피 인생에서 지울 수 없는 중요한 순간으로 남아 있을 것 같습니다.

소피에게 들려주고 싶은 이야기가 있어요. 오래 전 템플 스테이에 갔다가 경험한 일이에요. 한낮에 참가자 모두가 수행의 일환으로 절 마당을 한 줄로 천천히 걸었습니다. 걷는데 뜨거운 햇볕이 정수리로 내리쬐는 순간이 있었는가 하면 온몸이 서늘해질 정도의 그늘을 지날 때도 있었어요. 어느 방향으로 걸음을 옮기는가에 따라 햇빛과 그늘이 교차했습니다. 우리의 몸은 햇빛과 그늘을 오가며 살아가지만, 마음은 그렇지 않죠. 특정한 지점에 머무를 수 있어요. 소피의 경우, 몸은 자라 멀리 왔지만 찬란한 태양이 사라진 쓸쓸한 그늘 아래에 열한 살 소피의 마음을 두고 온 건 아닌가 싶어요. 주인이 찾아가지 않는 분실물 센터의 먼지 쌓인 물건처럼 말이죠. 튀르키예 바닷가에서 쌓은 모든 추억과 감정, 생각 그리고 아빠의 사랑과 죽음까지, 이따금 발이 달린 것처럼 그것들이 소피를 찾아왔을 거예요. "여기 있어요. 저를 돌봐주세요"라며 문을 두드렸겠지만 여행 이후 겪은 일이 너무 아파 열어줄 엄두를 내지 못했겠지요. 괜찮아요. 소피. 이제 소피는 그때의 아빠 나이가 되었고, 열한 살 소피의 이야기를 들어줄 만큼 충분히 자랐으니까요.

기억은 실제로 일어난 일과 다르게 왜곡되곤 합니다. 우리가 생각하는 것 이상으로 그래요. 특히 어떤 감정이 연루된 사건일수록 더 그렇습니다. 따라서 제가 소피의 기억을 뒤져 그때 아빠가 죽음의 전조를 보였는지 아닌지를 정확히 알아내려는 게 아님을 알아주었으면 해요. 모든 것이 녹화되어 있어 되감기로 여러 번 돌려본다고 해도, 스스로 삶을 마감하기 전에 보였던 전조라는 것을 알아내기는 매우 어려운 일입니다. 그래서 이것은 애초에 불가능한 접근이기도 하고, 알았건 몰랐건 그 기억으로부터 완전히 자유로울 수는 없어요. 즉 소피가 말했던 것처럼 그 여행을 생각하면, 자욱하게 피어오르는 안개를 사라지게 할 수는 없을 겁니다.

제게는 소피처럼 부모, 자녀, 형제, 연인, 친구를 자살로 잃은 사람들과 이야기를 나눌 기회가 많았어요. 그런데 소피처럼 모두 다 죽음 직전에 있었던 어떤 신호를 찾아내려고 해요. 그때는 결코 몰랐을 신호요. 사별자의 이런 노력은 죽음을 이해해보려는 필사적인 몸부림이며 애도 과정의 일부라고 생각해요. 하지만 소피, 누군가 자살로 향해갈 때 어떤 경로를 통해 그 길로 가게 되었는지를 추정하는 것은 가능하지만 결단으로 치닫는 바로 그 순간의 심정은 당사자만 알 수 있어요.

소피의 이야기를 들어보니 그때 소피의 아버지는 아주 깊은 우울증에 사로잡혀 있었던 것 같아요. 우울증이 엄습해오면 아주 사소한 일도 할 엄두를 내지 못하고, 우울증이 없는 사람은 아무렇지 않게 지나칠 자극에도 온몸이 반응하여 고통감에 빠지기도 합니다. 소피는 몰랐겠지만 아버지는 혼자 있을 때 때때로 위험한 순간을 만들어내기도 했어요. 무모하게 다이빙을 하거나 조심성 없이 달리는 버스 곁에 바짝 붙어 걷거나 발코니 난간에 위태위태하게 서 있거나 바닷속으로 천천히 걸어 들어가기도 했죠. 그러나 이런 모습을 소피는 결코 알 수 없었습니다. 아버지는 딸 앞에서 언제나 따뜻하고 평온한 태도를 보여주었으니까요. 아버지의 이런 행동을 보면, 소피와 함께 있는 동안 가까스로 버티고 계셨던 것 같아요. 그런 상황에서 소피가 아무 의도 없이 던진 질문은 몹시 아프게 다가왔을 거예요. 뭐라 대답할 수 없을 만큼요.

자살은 콕 집어낼 수 있는 대단히 불행한 사건 때문에 일어나는 것만은 아니라는 걸 얘기해주고 싶어요. 우울하지 않은 사람에게는 기이하고 터무니없어 보일 수 있지만 병적인 우울증에 빠지게 되면 스스로 생을 마감하는 것만이 가장 최선이라 생각하기도 해요. 열한 살 소피가 그때 아빠의 상태를 알아챘다는 것이 얼마나 불가능에 가까운 일이지 설명하다 보니 얘기가 길어졌네요. 제가 전달하고자 하는 바가 소피에게 제대로 닿았길 바랍니다.

소피, 그동안 그때의 기억을 무시하거나 피하면서 지내지 않았나요? '무시'는 그 기억과 관련해서 아무것도 느끼지 않으려 하는 것이고, '회피'는 기억이 떠올라 어떤 감정에 빠지기 전에 막아버리는 것입니다. 그러다 보면 기억은 처리되지 않은 채 거기에 그대로 머물러 있게 되죠. 이런 기억의 주인은 소피가 아니에요. 내가 주인이 아닌 기억은 시각이나 신체감각, 청각, 미각, 후각 등 감각적인 심상으로 나를 아무 때나 부릅니다. 마치 자동 재생 버튼이 눌린 것처럼, 원치 않는 순간에 불쑥 떠오르지요. 그러니 소피가 지금 할 일은, 그 기억을 자신의 것으로 만드는 일이에요. 소피가 기억의 주인이 되는 거죠. 내가 주인이 된 기억은 나를 휘두르지 못해요. 내가 필요할 때 꺼낼 수 있고, 사건이 지닌 고통에만 사로잡혀 외면했던 사랑도 온기도 함께 느낄 수 있어요.

그렇게 하려면, 애도 상담에서 권하는 '서사 만들기'를 해보는 것도 도움이 될 수 있습니다. 서사를 만드는 과정에서 상실 경험에 의미를 부여하고, 어린 시절 겪었던 혼란스러운 사건 이후 시간의 흐름을 다시 회복시키며, 미처 인식하지 못하고 있는 고통을 몸 바깥으로 표현해 마침내 꽉 막혀 있는 감정이 순환하도록 신선한 공기를 불어넣을 수 있는 거죠.

그러려면 튀르키예 여행에서 있었던 아빠와의 추억을 자주 방문해주는 것이 좋아요. 글을 쓰는 것도 좋고, 이야기를 하는 것도 좋습니다. 추억을 떠올릴 때 안내해줄 전문가나 믿을만한 친구와 함께한다면 더 좋겠죠. 저한테 설명해줬던 것처럼요. 여행을 떠나기로 했을 때 느낀 설렘과 기대, 여행지에 도착했을 때 본 풍경, 그곳에서 겪었던 다양한 에피소드를 떠올려보는 거예요. 소피와 아빠가 주인공으로 등장하되 장면마다 조연과 단역 들도 빠뜨릴 수 없겠네요. 그렇게 아빠와 함께한 소피만의 튀르키예 여행기를 만들어보길 권합니다.

물론 이런 서사 만들기가 늘 치유적인 것은 아닙니다. 그 내용이 반복적인 자기 비난이나 죄책감에 고정되면 사건의 감옥에 상처받은 나를 감금할 수도 있으니까요. 예를 들면, '왜 그때 나는 알아채지 못했을까?', '죽음을 알리는 경고 신호는 무엇이었나?' 같은 고정된 생각 말이죠. 그러나 방법이 있습니다. 감각에 집중하는 거예요. 다행히 소피는 그 여행과 관련된 많은 감각들을 기억하고 있습니다. 강렬한 햇살이 피부에 닿았던 촉감부터 휴양지의 낯설고 신기한 풍경들, 바닷물의 시원함, 처음 맛본 칵테일의 짜릿함, 귀에 담은 왁자지껄한 소리까지. 아빠가 남겨준 튀르키예산 카페트의 폭신함도 있고요. 이런 감각들이 서사 만들기 과정을 '치유'의 방향으로 이끌어줄 거라 믿습니다.

그렇게 한다면, 튀르키예의 기억이 이해할 수 없는 아빠의 죽음으로 끝난 여행이 아니라, 아빠의 사랑을 마지막으로 느꼈던 여행으로 달라지지 않을까요? 죽음을 제대로 마주해야 사랑을 발견할 수 있어요. 소피는 여행 내내 행복하고 즐거웠어요. 아빠가 소피에게 남겨준 가장 큰 선물이죠. 짙은 우울 때문에 삶과 죽음 사이에서 위태위태했던 아빠가 모든 에너지를 모아 오직 소피를 위해 내어준 마음을 소피는 기억했으면 해요. 그리고 소피와 함께하지 못하고 거기서 멈춰 버린 아빠의 인생을 위로해 줄 수 있기를 바랍니다. 그렇게 할 수 있으리라 믿어요. 끝으로 소피! 생일을 진심으로 축하해요.

애도 강의실

사건 중심성과 애도

아동기에 사별을 경험하는 이들이 얼마나 있을까요? 만약 우리나라에서 이런 조사를 해본다면 아마 세대별로 뚜렷하게 차이가 날 겁니다. 전쟁을 겪은 세대에서 가족, 친인척을 죽음으로 떠나보내는 일은 드물지 않았을 테니까요. 고등학교 때 엄마를 사별한 한 친구는 할머니로부터 이런 위로를 들었습니다. "전쟁 통에 너보다 훨씬 어린 애들이 부모 둘 다 죽어서 고아가 됐다. 게다가 배까지 고팠으니 얼마나 힘들었겠니. 그거에 비하면 너는 가진 게 참 많으니 감사하면서 살아야 한다." 그 친구는 할머니의 거친 위로 밑에 깔려 있는 선의를 잘 이해하고 있었습니다. 하지만 엄마를 잃은 슬픔을 충분히 느끼기도 전에 할머니 보시기에 걱정을 끼치지 않는 씩씩한 사람이 되어야 할 것 같은 부담을 느껴 점점 할머니 만나는 것을 꺼리게 됐습니다.

지금도 여전하지만, 우리는 아동·청소년기에 겪은 사

별 경험에 별 관심이 없었습니다. 아동이 겪은 부모 상실이 사회적 관심을 불러일으키는 대규모 재난에 기인한 것이 아니라면 대부분은 가족 내에서 해결해야 하는 지극히 사적인 경험으로 치부했습니다. 부모 사별이라는 큰 상실을 겪은 후 슬퍼하는 아이들에게 무엇이 필요한지, 성장 과정에서 이 경험이 장기적으로 어떤 영향을 미치는지에 관한 연구도 그리 많지 않습니다.

무시됐거나 박탈됐던 아이의 애도

윌리엄 워든Willliam Worden은 애도와 상실 분야에 한 획을 그은 심리학자입니다. 워든은 건강한 애도 과정을 위해 꼭 수행해야 할 네 가지 애도 과업을 정리해 소개했는데 이는 지금도 많은 애도 교육에서 인용하는 주요한 이론입니다.[17] 하지만 이 '네 가지 애도 과업'이 사별한 아동들을 대상으로 한 연구를 통해 정리한 내용이라는 사실까지는 잘 알려져 있지 않습니다. 워든이 진행한 '하버드 아동 사별 연구Harvard Child Bereavement Study'는 부모를 잃은 아동과 청소년의 애도 과정을 조사한 매우 중요한 연구였습니다. 연구는 사별 경험이 있는 6세에서 17세 사이의 아동 125명을 선정해 2년간 이들의 애도 과정을 추적한 동시에 사별 경험이 없는 70명의 아동과도 대조군 비교를 통해 '사별 경험이 아동 발달에 어떤 영향을 미치는지' 분석했습니다. 2년이 지난 뒤 사별 경험이 있는 아이들을 인터뷰했을 때 4분의 1이 충분한 애도를 보이지 않는다며 훈계를 들었다고 했고, 4분의 1은 그만 슬퍼하라는 말을 들었다고 답했습니다. 특히 그만 슬퍼하라는 얘기를 들었던 아동·청소년들은 2년이 지난 후에도 여전히 많이 울었다고 보고했습니다.

누군가의 죽음은 우리가 누구인지, 어디서 왔는지, 그리고 어디로 가는지에 대한 생각을 촉발시키는데, 이는 아이들에게도 마찬가지입니다. 아이들이 이런 생각으로부터 멀리 있다고 믿는 건 아이들과 죽음에 관해 이야기하는 것을 불편해하는 어른들이 아동·청소년의 애도 과정을 애써 외면하고자 하는 마음을 반영한 것일지도 모르겠습니다.

상담실에서 성인 내담자들과 만나 이야기를 듣다 보면 미처 애도하지 못한 아동·청소년기의 상실 경험들이 정말 많다는 것에 놀랍니다. 그 경험은 자라는 내내 그 사람의 정체성을 만들어가는 데 핵심적인 역할을 했지만 정작 당사자는 인식하지 못하고 있는 경우가 많죠. 다른 심리적 어려움으로 상담실에 왔다가 결국 어려움의 뿌리에 깊고 넓게 자리 잡은 어린 시절의 상실 경험이 똬리를 틀고 있었다는 사실을 깨닫습니다. 이렇게 과거에 무시됐거나 박탈됐던 아이의 애도는 언젠가 꼭 다시 모습을 드러내 해결해달라고 슬프게 울곤 합니다.

아동·청소년의 애도에 관한 교육을 할 때 저는 아래 글을 자주 인용합니다.[18]

> "슬퍼하는 아이가 고쳐져야 하는 것은 아니다. 슬픔은 치료되어야 할 질환이 아니기 때문이다. 이것은 규정할 수 있는 과제이거나 순차적 단계를 갖출 수 있는 과제도 아니다. 이는 또한 건너야 할 다리, 짊어져야 할 짐, 극복해야 할 경험도 아니다. 슬픔은 상실에 대한 정상적이고, 건강하며, 예측 가능한 반응이다. 슬퍼하는 일이 필요할 때 감정을 표현할 수 있게 해주고 경청하는 것이 더 나은 기술인데, 우리는 고치고 지시하는 일에 몰두한다."

이 글은 '슬퍼하는 아이'에 주목하지만, 어른에게도 마찬가지로 적용할 수 있습니다. 다만 아이라는 이유로 성인 사별자보다 '고치고 지시하는 일에 몰두'하는 태도가 주변 어른들에게서 더 강하게 나타나는 듯합니다. 워든은 연구에서 만난 어린 사별자들을 통해 오히려 어른이 갖지 못한 회복 탄력성과 지혜, 용기를 배웠다고 말했습니다. 때로 아이들은 어른보다 훨씬 더 편견 없이 죽음을 수용하며 자신의 감정을 솔직하게 표현합니다. 다만 그런 일은 그들이 신뢰하는 어른이 감정과 생각이 흐를 수 있는 공간과 시간을 충분히 마련해줄 때 가능하죠. 아빠를 잃은 열한 살 소피에게 엄마가, 혹은 다른 어른이 그런 공간과 시간을 함께 마련해주었을까요?

자서전적 기억과 사건 중심성

〈애프터썬〉의 감독 샬럿 웰스의 인터뷰를 찾아본 적이 있습니다.[19] 영화를 보는 내내 감독의 사적인 경험이 아니고서 좀처럼 나올 수 없을 이야기라는 생각이 들었거든요. 실제 인터뷰에서 감독은 '정서적으로 자전적emotionally autobiographical'이라는 표현을 썼습니다. 이 용어는 학술 용어가 아닌 감독이 자신의 작품을 설명하기 위한 수사적 표현에 가깝습니다.

심리학에서는 '자서전적 기억autobiographical memory'이라는 개념을 오랫동안 연구해왔습니다. 이는 자기self

에 관한 장기 기억 체계로, 한 사람의 생애 경험을 조직화하고 개인적 의미를 구성하는 복합적인 인지-정서 구조로 알려져 있습니다. 자서전적 기억은 개인의 정체성, 정서 경험, 삶의 의미와 긴밀하게 연결되어 있으며, 특히 경험할 당시의 정서적 강도가 기억의 생생함과 회상 빈도에 중요한 영향을 미치는 것으로 알려져 있습니다. 간단히 정리하면, 정서적으로 중요한 사건은 더 강렬하게 자주 회상된다는 말입니다.

이런 맥락에서 감독에게 영화의 씨앗이 된 경험이 분명 아주 강렬한 자서전적 기억이었을 것임은 틀림없어 보입니다. 다만 감독이 '정서적으로 자전적'이라며 거리를 둔 것은 영화를 만드는 과정에서 해당 기억이 필연적으로 변형되고 재구성되기 때문에 아무리 자신의 경험에서 출발했더라도 허구일 수밖에 없다는 것을 말하기 위함이라고 이해했습니다. 있는 그대로의 사건을 재현한 것이 아니라 기억의 조각과 감각을 엮어 새로운 이야기를 빚어냈다는 뜻이죠. 즉 영화 전반에 흐르는 정서, 예를 들어 그때 이해할 수 없었던 상실의 슬픔을 성인이 되어서 반복적으로 마주할 때의 복잡한 감정 같은 것들은 감독의 것이므로 '정서적으로 자전적'이라고 표현한 것 같습니다. 저는 감독의 인터뷰를 읽고 난 후 그의 영화가 왜 그렇게 자전적 재현을 넘어 상실을 겪은 누구나 공감할 수 있는 정서적 상태를 섬세하게 두드리는지 알게 됐습니다.

사랑하는 사람의 죽음은 인생에서 겪는 가장 큰 스트레스 사건입니다. 그러나 시간이 지나면 비탄의 감정은 완화되고 상실 사건은 점차 일상적인 자서전적 기억 체계에 통합되어 머무릅니다. 하지만 어떤 사람에 이 사건은 일상생활을 비롯한 다양한 기능에 심각한 손상을 초래하기도 하죠. 이런 차이는 어디서 나올까요?

그 차이를 만드는 데 다양한 변인이 영향을 미치지만, 최근 애도 연구는 '사건 중심성event centrality, EC'에 주목하고 있습니다. 사건 중심성이란 특정 사건이 한 개인의 삶의 이야기와 정체성에 차지하는 중심성의 정도가 이후 애도 과정에 영향을 끼친다는 개념입니다.[20] 어떤 사건이 내 삶의 전환점이 되었거나 '나'라는 사람을 설명하는 정체성의 핵심 요소로 경험될 때, 그 사건은 '사건 중심성이 높다'고 할 수 있습니다. 사건 중심성이 높을수록 그 사건은 반복적으로 회상되고, 현재와 미래의 경험을 해석하는 틀로 기능합니다. 좀 더 쉽게 말하면, 일종의 정서적·인지적 렌즈로 기능하면서 이후의 경험과 이해를 그때의 사건과 지속적으로 연결시킨다는 뜻입니다.

물론 사별 초기에 상실을 삶의 핵심 사건으로 인식하는 것은 매우 중요합니다. 피하거나 외면하지 않고 말이죠. 이후 애도 과정을 거치면서 그 사건이 사별자에게 어떤 의미로 통합되는지 탐색하고 구성해야 합니다. 이는 애도 상담에서 빼놓을 수 없는 중요한 과제입니다. 여기서 강조하고 싶은 것은 시간이 흐른 뒤에도 상실 경험을 나라는 존재 전체를 지배하는 사건으로 만들어서는 안 된다는 점입니다. 삶의 중심에는 '그때의 일'이 아니라 '한때 그 일을 겪었던' 내가 서 있어야 합니다. 나의 정체성 중 일부분으로 상실을 겪은 사별자의 정체성이 자리 잡아야 합니다.

잃어버린 시간을 추도하는 법

아동·청소년기의 상실 경험은 종종 삶의 중요한 사건으로 떠오르지도 못한 채 개인의 삶을 지배하는 사건으로 남겨집니다. 상실을 피하거나 외면하지 않고 제대로 애도한 뒤 삶의 부분으로 통합할 기회를 박탈당한 채 말이죠. 소피도 마찬가지였을 겁니다. 아빠와 함께한 마지막 여름 휴가와 이후 아빠의 죽음은 소피가 이 세상 그리고 타인과 관계를 맺는 데 큰 영향을 끼쳤을 거예요. 또한 서른한 해를 살아오는 내내 소피를 규정했을 가능성이 있습니다. 그 나이 때에 감당하기 힘든 사건일수록 사건의 구체적인 정보보다는 그때의 감정만 남는 경우가 많고, 감정을 중심으로 다시 그 사건에 디테일이 덧칠해지기도 합니다. 소피가 캠코더 영상을 반복해서 틀어 보는 행위는 '아버지가 어떤 사람이었는지'보다 '그때 자신이 아버지를 어떻게 보았는지'에 집착하고 있는 것처럼 느껴집니다. 그때의 일에 계속 머무르며 기억의 빈칸을 메우려는 노력인 것이죠.

소피는 부모님의 이혼을 겪었고, 여행 후 아빠가 스스로 목숨을 끊었습니다. 소피 입장에서는 두 사건 모두 엄청나게 큰 상실 경험입니다. 소피는 아빠를 잃었고 동시에 아빠와 함께할 미래도 잃었습니다. 더 안타까운 것은 소피에게 설렘 가득했던 여행이 아빠의 죽음 바로 직전에 있었던 사건이라는 것입니다. 소피의 자서전적 기억에서 가장 현저하게 또렷한 순간이었겠죠.

자라는 내내 어린 소피에게는 아빠 죽음의 의미를 제대로 이해할 기회가 주어지지 않았던 것 같고 그대로 어른 소피가 되었습니다. 영화에서 보는 것처럼 아버지가 남긴 튀르키예산 카페트를 발밑에 두고 있지만 그 밑에 무엇이 있는지 마주할 엄두를 내지 못했던 것 같아요. 소피는 그런 마음을 '스멀스멀 안개가 피어오르는 것 같다'고 표현했습니다. 소피가 느꼈을 불편하고 답답한 상태가 상징적으로 드러나는 표현이죠.

그렇다면 어떻게 해야 할까요? 앞서 애도 상담실에서 짚었던 것처럼 소피가 묻어둔 기억을 되찾아 그 기억의 주인이 된다면, 피하지 않고 튀르키예 여행을 마주할 수 있다면 좋겠습니다. 특히 영상을 돌려 보며 아빠에게서 죽음의 예비 흔적을 찾아내는 것이 아니라 여행 당시 소피가 느꼈던 감정과 감각을 그대로 회상할 수 있는 시간이 필요할 것 같습니다. 꼭 기억을 '정확하게' 재현하지 않아도 됩니다. 그보다는 소피의 아빠, 서른한 살의 한 남자는 어떤 사람이었는지를 이야기해야 합니다. 아빠에게 미처 전하지 못한 마지막 인사를 전하는 특별한 애도 의식을 해보는 것도 좋습니다. 그 일을 소피 인생의 전부가 아닌 일부분으로 받아들이기 위해 중요한 과정이죠. 잃어버린 시간을 추모하는 일이기도 하고요. 지금도 여전히 늦지 않았습니다. 아래는 작은 추도 의식에 도움이 될 만한 질문입니다.[21]

예를 들어,

"오늘은 그동안 우리가 다루었던 사건의 기억과 경험을 마무리하고 정리하는 작업을 해보려고 합니다. 그때의 기억이나 사건을 기념물로 만든다면 어떤 것이 될까요? 기념할 수 있는 물건이나 타임캡슐에 들어갈 물건이 될 수도 있고, 나무나 조각물이 될 수도 있습니다."

"그 모양과 크기, 색깔과 재질은 어떨까요?"

"어떤 곳에 어떻게 그 기념물을 놔두고 싶습니까?"

"그 기념물을 떠올릴 때 느껴지는 감각은 어떻습니까?"

"기념물에 이름을 붙인다면 어떤 이름일까요? 기념물 옆에 푯말을 세운다면 거기에 어떤 말을 남기고 싶나요?"

소피와 아빠가 마지막 춤을 출 때 흘러나온 노래가 있습니다. 영국 그룹 퀸과 데이비드 보위가 함께 부른 〈억압 속에서under pressure〉라는 곡인데 리듬은 흥겹지만 가사는 슬픈 절규처럼 느껴집니다. 그때 아빠의 마음 같기도 하고, 아빠를 향한 소피의 마음 같기도 합니다. 아빠는 자신에게 한 번 더 기회를 주지 않았지만 소피는 아빠에게 사랑을 줄 수 있습니다. 죽음이 사랑을 사라지게 할 수 없습니다.

왜 사랑에게 한 번 더 기회를 줄 수는 없지?

왜 우리 사랑을, 사랑을, 사랑을 줄 수 없을까.

왜냐면 사랑은 이제 낡은 표현이니까.

하지만 사랑은 우리가 밤의 끝자락에 있는 사람들을 보살피게 하고 또 사랑은 우리가 스스로를 돌보는 방식까지 바꾸게 하지.

이건 우리의 마지막 춤이야. 우리 자신의 모습이지.

틀에 박힌 사랑이 주는 찬사.

사건 중심성 척도 한국판[22]

Centrality of Event Scale-Korean, CES-K

---

1. 나는 새로운 경험들을 이 사건에 비추어 이해한다.
2. 나는 현재의 삶에서 이 사건과 연결되거나 닮은 점들을 습관적으로 보게 된다.
3. 이 사건은 내 자신의 일부가 되었다.
4. 이 사건은 내 삶의 중요한 주제들을 상징하고 표시한다.
5. 이 사건으로 나는 대부분의 다른 사람들이 살아가는 것과는 다르게 살고 있다.
6. 나는 내 자신과 세상을 이 사건에 비추어 이해한다.
7. 이런 사건을 겪지 않은 사람들이 생각하는 방식은 나와는 다를 것이다.
8. 이 사건은 내가 누구인지에 대해 많은 것을 말해준다.
9. 나는 현재의 관계에서 이 사건과 연결되고 닮은 점을 자주 보게 된다.
10. 이 사건은 내가 살아온 이야기의 중심에 있다.
11. 이런 사건을 겪지 않은 사람들이 자신을 보는 방식은 나와는 다를 것이다.
12. 이 사건은 내가 다른 경험들에 대해 생각하고 느끼는 방식에도

영향을 주었다.

13. 나는 이 사건에 비추어 나의 앞날을 생각한다.
14. 내가 살아온 이야기를 쓴다면, 이 사건은 그 중심에서 다른 많은 경험들로 이어질 것이다.
15. 내 삶의 이야기는 크게 이 사건 이전과 이후 두 부분으로 나눌 수 있다.
16. 이 사건은 내 삶을 영구적으로 변하게 했다.
17. 나는 이 사건이 내 미래에 미치게 될 영향을 자주 생각한다.
18. 이 사건은 내 인생의 전환점이 되었다.
19. 이 사건이 나에게 일어나지 않았다면, 나는 지금과는 다른 사람이 되었을 것이다.
20. 나는 내 미래를 생각할 때 이 사건을 자주 돌아본다.

| 응답 기준 |

1점=전혀 그렇지 않다. 2점=그렇지 않다. 3점=보통이다. 4점=그렇다. 5점=매우 그렇다.

점수가 높을수록 해당 사건이 정체성의 핵심이자 미래와 현재를 해석하는 기준점으로 작용하고 있음을 의미합니다. 다만 '증상'을 측정하기 위한 것이 아니므로 '몇 점 이상이면 높다'는 절대 기준이 없고, 집단 평균 비교를 통해 상대적으로 높거나 낮은지를 판단합니다.

무엇이 아내를 끝까지 아름답게 지켜주는 길일까요?

삶의 끝자락에서 묻는 존엄한 죽음과 사랑

> *"아름답네요."*
> *"뭐가요?"*
> *"인생이요. 참 길었죠."*
>
> – 영화 〈아무르〉 중에서

조르주라고 합니다. 아내 안느와 단 둘이 살고 있어요. 둘만 있기엔 꽤 큰 집이지만 우리는 이 집을 사랑합니다. 우리의 모든 역사가 이 집에 있으니까요.

사람들은 노년기 결혼 생활을 두고 '같이 살아도 각자 산다', '말해도 못 알아듣고, 안 들려도 상관없는 사이'라고 농담하지만 우리 부부는 그렇지 않습니다. 안느에게 물어보진 않았지만 아마 안느도 저와 같은 생각일 거라고 확신해요.

안느와 저는 공통점도 많고 좋아하는 것도 비슷합니

다. 특히 음악 취향이 그렇죠. 우리는 클래식 음악을 정말 사랑합니다. 안느는 평생 피아노를 가르치며 살았고 많은 제자를 키워냈죠. 제자 중에는 훌륭한 연주자로 자라나 전 세계를 누비는 친구도 있습니다. 안느뿐 아니라 저도 그런 학생들의 빛나는 성공을 바라보면 자랑스럽고 뿌듯합니다. 우리 부부는 콘서트를 찾아다니고 각자가 느낀 공연 감상평을 나누고 식탁에 앉아 아침 식사를 하며 시시콜콜한 대화를 하는 평화로운 일상에 언제나 감사한 마음으로 지냅니다.

제 눈에 아내는 여전히 우아하고 아름답습니다. 가끔 "오늘 당신 참 멋져"라고 칭찬하면 다 늙어서 주책맞은 소리를 한다며 핀잔을 주지만 저는 잘 알고 있습니다. 안느가 제 이런 칭찬을 은근히 즐기고 있다는 걸요. 수십 년 동안 우리 부부는 이 공간에서 완벽하게 평온한 균형을 맞춰왔고 나이가 든 지금, 그 모든 노력이 더욱 빛을 발한다는 생각입니다. 그래서 저는 늙어간다는 것이 별로 서글프지 않았습니다. 오히려 더할 나위 없이 행복한 나날이었습니다.

너무 우리 둘 얘기만 해서 아이가 없다고 생각하실 수 있는데 실은 딸 에바가 있어요. 자주 연락하는 사이는 아닙니다. 정확히는 모르지만 에바는 사위와 그다지 잘 지내는 것 같지는 않아요. 늘 바쁘고 삶이 팍팍해 보여 걱정되지만 늙은 부모가 자식에게 의존하지 않고 그저 둘이 건강하게 잘 지내는 것이 아이를 돕는 거라 생각해서 가급적 연락을 하지 않으려고 합니다. 지금까지 그렇게 잘 지내왔습니다. 아내가 아프기 전까지는요.

어느 날 아침 식사 자리에서 갑자기 아내가 멍한 상태에 빠져 아무런 반응을 하지 않았습니다. 몸은 여기 있는데 영혼이 어디로 빠져나간 듯한 모습이었어요. 저는 너무 놀라 당황했는데, 잠시 후 아내는 언제 그랬냐는 듯이 정신을 차렸습니다. 제발 큰 일이 아니길 바라면서 그길로 병원에 갔고 뇌졸중 진단을 받았습니다. 입원해 수술을 받았지만 우측 편마비가 와서 집에 돌아올 때는 휠체어를 타고 왔습니다. 그때만 해도 저는 희망을 품고 있었습니다. 다시 예전 같은 평화로운 일상을 회복할 수 있을 거라는 희망이요. 그때의 아내는 몸만 불편할 뿐 여전히 제가 알고 있는 안느 그대로였습니다. 그런데 아내는 아니었나 봐요. 퇴원하자마자 다시는 자기를 병원에 입원시키지 말라면서 간절하게 부탁했습니다. 그 모습이 너무 절실해서 이상할 지경이었어요. 제게 바라는 것은 아무것도 없으니 병원에 보내지 않겠다는 약속 그것 하나만 꼭 지켜달라고요. 저는 그러겠다고 약속하고 말았습니다. 어떤 일이 있어도 이 집에서 제가 아내를 돌보겠다고 다짐했어요.

한동안은 괜찮았습니다. 익숙한 공간에 오니 아내는 병원에 있을 때보다 한결 편안해 보였습니다. 좋아하는 음악도 마음껏 들었습니다. 아내는 제 도움을 받을 때마다 고맙다는 말을 잊지 않았고, 아직까지 본인은 혼자 할 수 있는 것이 더 많다며 씩씩하게 저를 격려해주기도 했습니다. 저도 나이 많은 노인이라 몸이 불편한 아내를 보조하고 챙기는 것이 쉽지는 않았지만 그럭저럭 견딜 만했습니다. 아내가 눈에 띄게 나빠 전까지는 말이죠.

안느는 하루가 다르게 악화되었습니다. 침대에 소변 실수를 하고, 점점 전동 휠체어를 타는 일도 버거워했습니다. 어쩔 수 없이 방문 간호사의 도움을 받기도 했는데 간호사는 아내를 아무런 지적 능력이 없는 신생아 취급을 하더군요. 그런 아내의 모습을 보는 것이 참 괴로웠습니다. 저의 안느가 그런 대우를 받는 상태가 되었다는 것을 받아들이기 힘들었습니다. 제가 이런 마음인데 아내는 오죽했을까요?

하지만 제가 가장 힘들었던 점은 아내가 점점 삶의 의지를 스스로 놓아버리는 듯한 말을 하는 것이었습니다. 처음에는 '인생이 참 길다'고 하더니 상태가 나빠지니 '우리 둘 다 왜 이렇게 힘들게 꼭 살아야 하냐'며 화를 냈습니다. '우리 둘 다'라고 말하는 걸로 보면, 자신을 돌보는 저의 모습을 지켜보는 것도 큰 괴로움이었나 봅니다.

저는 아내를 설득해보려고 했습니다. 만약 내 입장이라면 이런 말을 듣는 당신은 어떻겠냐고 말이죠. 아내는 당신 입장 따위는 생각하고 싶지 않다고 했습니다. 저는 그때 보았습니다. 쇠약해져 가는 몸 속에서 서서히 안느 자신이 빠져나가고 있는 것을요. 제 눈앞에서 사랑하는 사람이 점차 소멸해가는 것을 볼 수밖에 없는 제 처지가 지독하게 슬펐습니다. 슬퍼하는 것 말고 아무것도 해줄 수 없어 헤아릴 수 없는 무력감을 느꼈습니다.

선생님, 안느는 몇 번이고 이쯤에서 삶을 끝내고 싶다고 말했습니다. 깔끔하고 우아했던 아내가 지금의 자신을 얼마나 수치스럽고 모멸적으로 느낄지, 저는 깊이 이해할 수 있었습니다. 그래서 아내를 보내주고 싶습니다. 아내가 존엄하게 삶을 마무리할 수 있도록 도와주고 싶습니다. 그런데 동시에 두렵습니다. 아내 마음을 헤아리는 척하지만 혹시 내가 아내를 보내고 싶어 하는 것은 아닐까? 아내보다 내 괴로움 때문에 아내 핑계를 대는 것은 아닐까? 생명이 유지되는 한 끝까지 희망을 놓지 말아야 하는 것은 아닐까? 이보다 더 큰 두려움도 있습니다. 아내를 보내고 혼자 살아갈 수 있을까? 그런 삶은 과연 의미가 있을까? 그리고 우리 부부 모두가 이렇게 떠난다면 딸의 심정은 어떨까?

선생님, 혹시 저와 비슷한 상황에 처한 다른 분들의 사례를 알고 계신가요? 그분들은 어떤 과정을 거쳐 결정을 내렸으며, 남겨진 사람들은 그 현실을 어떻게 받아들였는지 궁금합니다.

아무르
Amour

2012. 프랑스·오스트리아·독일. 15세 이상 관람가. 드라마. 127분.

감독 미카엘 하네케.
출연 장-루이 트랭티냥, 에마뉘엘 리바 등.

상 담 실 에 서

조르주 선생님, 참으로 답하기 난처한 질문을 주셨습니다. 애도 상담을 하다 보면 '존엄하게 죽을 권리' 혹은 '좋은 죽음'에 대해 자주 생각하게 됩니다. 물론 내담자의 이야기 때문만은 아닙니다. 제 또래가 연로한 부모님의 건강이 쇠약해지는 모습을 지켜보게 되거나 그러다 결국 떠나보내는 일을 자주 겪는 시기에 접어들었기 때문이기도 합니다.

저는 몇 년 전 아버지를 중환자실에서 떠나보냈습니다. 생명을 유지하지만 삶은 유지하지 못하는 장치를 주렁주렁 매달고 계시던 아버지의 모습이 여전히 생생합니다. 멸균된 차가운 중환자실에서 홀로 떠난 아버지를 생각하면 얼마나 외로우셨을까 싶어 애달프지만, 적어도 고통 속에 오래 머물지는 않으셨으리라는 것을 위안으로 삼았었습니다. 만약 가까스로 회복해 집으로 돌아오셨다면 간병은 연로한 어머니의 몫이었을 테고 가족들은 회의 끝에 요양 병원에 모셨을 겁니다. 그리고 그곳에서 삶을 마감하셨겠죠. 대한민국에서 노인들이 죽음을 맞이하는 과정은 별반 다르지 않습니다. 집으로 돌아오지 못한 죽음들입니다.

퇴원 후 다시는 병원으로 보내지 말아달라고 했던 안느 선생님의 간절한 부탁이 무엇을 의미하는지 생각해봅니다. 병원은 집보다 생명을 유지하는 데 안전한 곳이겠지만 안느 선생님에게는 불편하고 거친 공간으로 느껴졌을 겁니다. 의료진에 의해 관리되는 생활에 안느 선생님이 원하는 자유는 없을 테니까요. 생명을 지키는 행위가 소중하지 않다거나 의료진의 노력이 불필요하다는 말씀을 드리려는 것은 아닙니다. 당연하게도, 무의미한 생명은 없습니다. 하지만 인간의 '삶'의 측면에서 보자면 이야기가 조금 달라지는 것 같습니다. 생명은 있지만 무의미한 삶은 있을 수 있으니까요. 조르주 선생님은 아내가 어떤 삶의 가치를 지키며 살아왔는지 누구보다 잘 알고 계십니다. 그래서 아내의 존엄을 지켜주고 싶으셨겠죠. 그것이 아내를 향한 조르주 선생님의 사랑이라는 것을 저는 마음 깊이 공감할 수 있습니다.

그런데 선생님, 병석에 누워 하루하루 쇠약해져가는

아내를 바라보는 선생님의 상실감에 관해 여쭤보고 싶습니다. 사랑하는 사람의 죽음이 예상될 때 곁에 있는 사람은 다양한 감정 반응을 겪습니다. 조르주 선생님이 그러셨던 것처럼요. 화나고 슬프고 허무하고 두렵고 불안합니다. 이러한 감정 역시 애도 반응이라는 것을 사람들은 잘 알지 못합니다. 아직 아내가 죽지 않고 살아 있는데 무슨 애도냐고 생각할 수 있으시겠지만 미래를 조망할 수 인간은 예정된 상실을 상상하며 현재 아파할 수 있습니다.

학술적으로 '예기 애도, 혹은 선행 애도anticipatory grief'라고 부르기도 하는데, 이러한 '선행 애도'는 사별 이후 시작하는 애도와 다르게 당사자 혹은 환자와 가족 모두가 함께 경험합니다. 안느 선생님은 안느 선생님대로 조르주 선생님은 조르주 선생님대로 임박한 죽음의 그림자에 잠식되어 사라지는 것들로 인해 모두 슬퍼하고 있습니다. 안느 선생님은 안느 선생님의 일부였던 피아노를 더 이상 연주할 수 없습니다. 남편과 함께 버스를 타고 음악 공연을 보러 다닐 수 없습니다. 선생님을 위해 요리를 해줄 수도 없죠. 이제 안느 선생님은 침대라는 작은 공간에서 대부분의 시간을 보내게 될 겁니다. 조르주 선생님께선 어떤 것을 잃어버리셨나요?

선행 애도는 시간이 지남에 따라 심화됩니다. 죽음이라는 명확한 종점에 도달하기 전까지 상실은 현재 진행형입니다. 사별 이후 대개 시간이 지남에 따라 극심한 감정적 반응이 완화되는 것과는 차이가 있죠. 무엇보다 선행 애도에서 돌보는 가족을 힘겹게 만드는 것은 상실 속에 '희망'이 있다는 사실입니다. 그 희망의 불씨는 놀라운 의료 기술로 희미하게 지속될 수 있습니다.

제가 이 말씀드리는 이유는 아내 안느가 '존엄한 죽음'으로 삶을 마무리하도록 도와주어야 하는지를 결정하는 데 앞서, 조르주 선생님이 겪고 있는 선행 애도의 감정을 돌봐주셨으면 하는 바람 때문입니다. 아내가 저렇게 누워 있는데 어떻게 스스로를 돌보는 것이 가능하냐고 말씀하실 수도 있겠네요. 배부른 소리라고 생각하실 수도 있고요. 하지만 선생님, '아내 안느의 존엄한 죽음 여부를 선택'할 때 어떤 외부적 요소에도 영향을 받지 않으려면 선생님 스스로를 돌보는 일이 반드시 필요합니다. 예를 들면, 선생님이 말씀하셨던 '아내를 돌보는 것이 힘들어서 핑계를 대고 있는 것은 아닌가', '망가져가는 아내를 보는 내 마음이 괴로워서인가'와 같은 마음들이 개입될 여지는 없는지 신중하게 점검해야 하기 때문이에요.

그리고 선생님, 안느 선생님이 편찮아지신 이후 유독 두 분만 고립되어 계신 것 같아 염려됩니다. 사랑하는 사람이 죽음을 향해 가는 것을 아무도 들이지 않은 닫힌 집에서 오직 나 혼자 지켜보는 일은 존재를 압도하는 몹시 힘든 경험입니다. 조르주 선생님의 아내 안느 선생님은 조르주 선생님의 배우자이기도 하지만, 딸 에바의 어머니이고 수많은 제자들의 훌륭한 선생님이었습니다. 조르주 선생님의 사랑만큼은 아니지만 그들 모두 각자의 방식으로 안느 선생님을 사랑하고 있다는 사실을 잊지 않으셨으면 좋겠습니다. 따라서 어떤 결정을 내리시더라도, 그것이 조르주 선생님 혼자만의 결정이 아니었으면 합니다. 죽음은 오직 개인의 소멸이지만 그것은 떠나는 자에게만 그렇습니다. 남겨진 사람들에게 죽음은 단순한 소멸이 아니라 지울 수 없는 기억과 감정으로 남아 살아 있는 동안 계속 영향을 미치니까요.

애도 강의실

좋은 죽음과 선행 애도

어느 날 포털 뉴스에 올라온 〈"통증 없는 죽음이 '좋은 죽음'" 국민 82%, 조력 존엄사 찬성〉이라는 헤드라인이 제 눈길을 사로잡았습니다.[23] 보건사회연구원의 '미래 사회 대비를 위한 웰다잉 논의의 경향 및 과제'라는 보고서를 요약한 기사였습니다. 우리나라 성인이 신체적 고통이 적고 가족에게 간병 부담을 주지 않는 죽음을 '좋은 죽음'으로 인식한다는, 어쩌면 당연한 이야기로 시작하는 이 기사의 핵심은 조력 존엄사 합법화에 대한 찬성 비율이 82%로 높다는 점일 겁니다.

"잠자듯, 고통 없이 죽을 수 있다면 지금이라도 당장 떠날 수 있어요." 상담실에서 꽤 자주 듣는 얘기입니다. 죽음에 임박하여 겪을 것이라고 예상되는 신체적 고통은 확실히 자살을 결행하는 데 매우 중요한 장해물로 작용합니다. 정신건강 전문가는 이 장해물을 '보호 요인'이라고 부릅니다.

이야기가 자살로 흘러갔지만 죽음이 멀지 않다고 생각하는 노인, 혹은 그런 노인을 직접 부양하는 장년의 자녀들도 마찬가지 생각일 겁니다. 죽더라도 짧게 아프고 죽기를 바라는 마음, 내가 죽음을 향해가는 동안 누군가가 나를 돌보느라 시간과 돈을 들이며 고통스러워하지 않기를 바라는 마음은 누구에게나 있지 않을까요?

저희 딸을 오랫동안 돌봐주셨던 이모님께서 자주 하시던 말씀이 생각납니다. "저는요, 일흔이 되면 주민 센터에서 칠순 기념으로 편안하게 죽는 알약을 하나씩 나눠줬으면 좋겠어요. 먹을지 말지는 본인이 알아서 선택하라고 하고요." 그때 이모님의 연세는 50대 초반이었습니다. 죽음에 관해 이보다 급진적인 언급은 여태 들어본 적이 없습니다. 그로부터 10년이 지난 2024년 일본 영화 〈플랜 75〉가 개봉한 후[24] 잔잔한 파장을 일으켰을 때, 저는 다시 이모님의 '칠순 기념 알약'을 떠올렸습니다. 예순을 훌쩍 넘긴 지금도 이모님은 여전히 같은 생각을 하고 계실까요?

김 씨 할머니는 일흔이 넘은 나이에 졸혼을 한 뒤, 드디어 뭐든 하고 싶은 대로 살게 되어 후련하다고 생각하셨습니다. 경제적으로 여유가 있으니 고급 시니어 하우스에 입주한 후 건강이 허락하는 한 여생을 자유롭게 살겠다고 결심하셨죠. 하지만 몇 개월 후 부양자가 꼭 필요한 치명적인 질환을 진단받았고 다시 남편이 있는 집으로 돌아가지 않으면 안 되는 상황에 처하게 되었습니다. 몇 번의 자살 시도 후 할머니는 결국 스스로 목숨을 끊었습니다. 아마도 김 씨 할머니는 자신이 처한 상황에서 '좋은 죽음'을 맞이할 가능성은 없다고 판단하셨던 것 같습니다.

저는 합의되지 못한 '안락사, 조력 자살, 조력 존엄사'에 관해 찬반 논쟁을 하려는 것이 아닙니다. 다만 이런 논의에 앞서 우리 사회에서 '좋은 죽음'을 주제로 다양한 의견이 더욱 활발하게 오가야 하며, 그에 대한 인식이 노인뿐 아니라 모든 연령대에서 균형 있게 확산되어야 한다는 이야기는 꼭 드리고 싶습니다.

좋은 죽음이란 무엇인가

좋은 죽음에 대한 생각은 사회·문화적 분위기의 영향을 받기에 개인마다 그리고 세대마다 다를 수 있지만 좋은 죽음의 개념에 포함될 수 있는 일반적인 특성은 존재하는 듯합니다. 예를 들어 개인이 자신의 죽음에 관한 결정에 있어 통제권을 갖는 것, 통증이 없거나 조절되는 것, 개인의 가치를 충분히 인정받는 것, 자신을 돌보는 사람들을 신뢰하는 것, 죽음이 임박했음을 수용하는 것, 타인에게 짐이 되지 않는 것, 돌봄과 임종 시 가족들이 참여하는 것 등이 여기에 해당합니다. 요약하면, 좋은 죽음이란 익숙한 환경에서 가족과 함께 자신의 존엄성을 유지하며 고통 없이 죽어가는 것이라고 할 수 있겠네요.

반가운 소식은 우리나라에서도 '좋은 죽음'에 관한 논의가 이제 막 시작되고 있다는 것입니다. 최근 한국보건의료연구원 원탁회의에서는 '죽음도 준비가 필요하다'는 인식 전환과 함께 생애 말기 환자를 위한 통합적이고 가치 중심적인 돌봄, 그리고 돌봄의 질을 높이기 위한 지속적인 노력의 필요성을 강조하며 '좋은 죽음Good death을 위한 7대 기본 원칙과 16개 주요 사항'을 발표했습니다.[25]

좋은 죽음을 위한 7대 기본 원칙과 16개 주요 사항

우리 국민이 필요할 때 누구나 양질의 생애 말기 돌봄 서비스를 받을 수 있도록 다음의 사항을 실천해야 한다.

원칙 1. 사람을 중심으로 한 생애 말기 돌봄 서비스를 제공한다.

주요 사항 1 기술 중심이 아닌 **가치 중심의** 돌봄을 제공한다.

• 생애 말기 돌봄은 환자의 요구, 목표 및 바람이 시점에 따라 변할

수 있다는 점을 고려하여 제공되어야 한다.

주요 사항 2 생애 말기 돌봄 대화는 **환자와 가족을 중심**으로 이루어져야 한다.

- 생애 말기 돌봄 대화에는 의료진이 참여하되, 환자와 가족이 대화를 주도하도록 한다.

원칙 2. 생애 말기 돌봄 계획은 미리 수립한다.

주요 사항 3 생애 말기 돌봄 서비스가 **필요한 대상을 찾아낸다.**

- 생애 말기 돌봄 서비스 대상자를 선별하는 기준을 마련한다.

주요 사항 4 생애 말기 돌봄 대상자로 선별되면 **사전 돌봄 계획**을 세운다.

- 사전 돌봄 계획은 환자, 가족, 의사가 함께 논의하고 수립하며, 환자와 가족의 문화적, 정신적, 심리사회적 요구를 충분히 고려한다.
- 환자가 원할 때 생애 말기 돌봄 계획을 수정할 수 있어야 한다.

원칙 3. 환자의 자기결정권을 보장한다.

주요 사항 5 중요한 의사결정은 의료진과 환자가 함께 하되, **환자의 의견을 우선시**한다.

- 환자와 가족은 치료를 거부할 권리가 있으며, 이 권리는 언제나 존중받아야 한다.

주요 사항 6 환자와 가족에게 **이해하기 쉬운 정보**를 제공한다.

- 생애 말기 돌봄 대화는 환자와 가족이 이해할 수 있는 방식으로 정기적으로 이루어져야 한다. 이를 통해 환자와 가족이 충분한 정보를 바탕으로 결정할 수 있도록 돕는다.
- 만약 환자가 의사결정을 내리기 어려운 상황이라면, 대리인이 환자의 선호와 가치를 최대한 반영하여 결정한다.

원칙 4. 전인적이고 통합적인 생애 말기 돌봄을 제공한다.

주요 사항 7 생애 말기 돌봄 서비스 제공을 위한 **의료적·사회적 자원을 환자 중심**으로 통합한다.

- 지역사회를 중심으로 생애 말기 돌봄 네트워크를 구축하여 지역 내에서 필요한 자원과 서비스를 효율적으로 제공한다.

주요 사항 8 숙련된 전문 인력이 참여하는 **다학제 돌봄 협력 체계**를 구축한다.

- 다학제 및 통합 돌봄 제공 과정에서 모든 참여자가 서로의 역할과 책임을 명확히 이해하고 협력한다.

주요 사항 9 생애 말기 돌봄의 **질을 높이기 위한 체계**를 마련한다.

- 생애 말기 돌봄 참여 인력의 전문성 제고를 위한 교육 과정을 개발한다.
- 생애 말기 돌봄 제공자의 정서적 부담과 번아웃에 대한 대처 방안

을 마련한다.

원칙 5. 환자를 편안하게 하는 데 최우선적 가치를 둔다.

주요 사항 10 생애 말기 돌봄은 환자에게 **부담되지 않아야 한다.**

- 환자에게 손해를 끼칠 수 있는 검사와 치료를 하지 않도록 한다.
- 통증 등 환자의 증상 완화를 위한 최선의 조치를 취한다.

원칙 6. 임종 단계에서 환자 요구와 선호를 존중한다.

주요 사항 11 환자와 가족이 참여하는 **환자 중심 임종 환경**을 마련한다.

- 환자가 원하는 장소에서 편안하게 임종할 수 있도록 필요한 자원과 돌봄 역량을 구축한다.
- 임종을 앞둔 환자가 자신의 개인적인 이야기를 나누고 표현할 수 있도록 장려하고 지원한다.
- 연명 의료 계획 등에 대한 환자의 의사를 확인하여 이행하고 이를 기록으로 남긴다.
- 장례 절차와 방법 등을 미리 결정해 환자와 가족이 준비할 수 있도록 한다.

주요 사항 12 사별 후 가족을 위한 **애도 지원을 제공**한다.

- 사별 후 가족과 돌봄 제공자를 위한 영적·심리적 지원 서비스를 제공한다.

원칙 7. 양질의 생애 말기 돌봄을 위한 국가적 투자가 강화되어야 한다.

주요 사항 13 생애 말기 돌봄 서비스의 **접근성을 개선**한다.

- 생애 말기 돌봄 제공을 위해 필요한 자원을 동원할 수 있는 시스템을 구축한다.

주요 사항 14 좋은 죽음을 위해 관련 법과 제도를 정비한다.

- 연명 의료 결정이 생애 말기에도 가능할 수 있도록 한다.
- 다양한 가족 형태와 사회적 변화를 반영하여, 연명 의료 결정에 참여할 수 있는 대리인의 범위를 규정한다.
- 관련 제도를 이행할 수 있는 기관을 확대하여 생애 말기 돌봄의 실질적 적용을 보장한다.

주요 사항 15 생애 말기 돌봄 계획과 실행을 통합할 수 있는 **거버넌스**를 구축한다.

- 돌봄의 중단이 없도록 계획과 정보를 공유한다.
- 생애 말기 돌봄의 질을 높이기 위한 평가, 감독, 환류 시스템을 도입하여 지속적으로 개선한다.

주요 사항 16 **죽음이 삶의 일부**라는 인식이 널리 **확산**될 수 있도록 노력한다.

- 대국민 홍보 활동을 강화하고, 생애 말기 돌봄에 대한 긍정적 인식을 확산시킨다.

애도 상담자로서 '좋은 죽음'을 향해 관심이 깊어지는 것은 격하게 환영할 일이지만, 한편으로는 죽음이 비로소 좋은 죽음이 되기 위해서는 그 순간을 맞이하는 당사자뿐 아니라 그 길을 함께 걸으며 곁에서 지켜보는 가족들의 역할 또한 중요하다는 생각이 듭니다. 회복이 요원한 말기 암을 진단을 받은 한 노인은 평소 그가 믿어온 좋은 죽음의 가치를 실현하기 위해 '단식 존엄사'를 선택했지만, 이 결단은 지켜보는 가족들에게는 크나큰 상처가 되고 말았습니다. 누군가의 남편이자 아버지였던 그가 선택한 단식 존엄사가 과연 좋은 죽음인지에 대해 모든 가족이 같은 마음일 수는 없었으니까요. 어떤 가족 구성원의 입장에서 그의 결정은 남겨진 이들의 마음과 입장 따위는 헤아리지 못한 가혹하고 이기적인 선택으로 느껴질 수도 있습니다.

영화 〈아무르〉에서 조르주는 안느의 뜻대로 아내를 병원에 다시 입원시키지 않습니다. 딸 에바는 그런 아버지를 못마땅하게 생각하고 갈등합니다. 죽음이 임박했을 무렵, 특정 치료 행위를 중단할지 지속할지 여부와 돌봄의 방향을 놓고 환자의 뜻과 가족 구성원의 각기 다른 마음이 부딪히는 상황이 펼쳐지거나 환자의 자기결정권과 남겨진 이들의 상실감을 둘러싸고 갈등이 발생하는 경우는 흔합니다. 그리고 이 모든 과정을 부드럽게 통과하는 일은 매우 어렵습니다.

여러분은 연로하신 부모님과 죽음에 관해 구체적인 이야기를 나눠보신 경험이 있으신가요? 아마 많지 않으실 겁니다. 어르신들은 흔히 '살날이 많지 않다'는 말을 입버릇처럼 하시며 수의나 영정 사진 준비, 장지 마련, 상조보험 가입 등 물리적인 대비는 하시지만 좋은 죽음이란 무엇일지 깊이 성찰하거나 이에 관한 마음의 준비를 하는 일은 꺼립니다. 이런 분위기 속에서 가족들과 죽음을 주제로 솔직한 대화를 나누는 일은 어려울 수밖에 없고 그러다 보니 우리 모두를 준비되지 않은 이별로 내몰곤 합니다.

가족과 함께 하는 존엄 치료로 선행 애도 다루기

영화 속 조르주는 아내 안느의 병이 진행되는 과정에서 필연적으로 느끼게 되는 슬픔과 분노, 무력감과 두려움을 제대로 표현하지 못하는 상태였고 아내가 없이 미래를 살아갈 자신도 없어 보였습니다. 그래서 저는 조르주에게 '선행 애도'가 특히 필요한 상황이라고 보았습니다.

이는 회복이 불가능한, 죽음이 예정된 가족을 돌보는 이들의 심리 상태를 헤아리는 데 도움이 되는 개념입니다.

죽음으로 향해가는 가족을 돌보는 분들은 아직 유족은 아니지만 머지않아 유족이 될 처지에 놓여 있습니다. 사랑하는 사람을 떠나보낼 준비를 해야 하지만, 동시에 그 이별을 완전히 받아들이지 못하는 모호한 경계에 서 있습니다. 환자에게 여전히 애정과 지지를 보내지만 사랑했던 존재의 어느 부분이 하나둘씩 사라지는 것을 보며 슬픔을 느낍니다. 홀로 이 과정을 감당하기는 쉽지 않기 때문에 선행 애도 과정에는 동반자가 반드시 필요합니다. 사별 이후의 애도와 다른 점은 환자 자신도 함께 이 과정에 참여할 수 있다는 것입니다.

가족들은 점진적으로 이별을 준비해야 하고, 죽음을 의미 있는 삶의 경험으로 받아들일 수 있도록 해야 하는데 이 과정을 촉진시키는 데 도움을 줄 수 있는 것이 가족 존엄 개입Family Dignity Intervention, FDI입니다. 가족 존엄 개입은 캐나다 완화 의학 전문가 하비 맥스 초치노프Harvey Max Chochinov 박사가 개발한 존엄 치료dignity therapy, DT 프로토콜을 기반으로, 싱가포르 국립대학의 앤디 호Andy H. Y. Ho를 비롯한 연구자들이 아시아 문화 맥락에 맞게 확장, 발

전시킨 개입법입니다.[26] 가족 존엄 개입은 환자와 가족 돌봄 제공자간 깊은 대화를 촉진시키는 내용으로 구성되어 있으며, 이는 가족 차원에서 수행하는 존엄 치료라고 할 수 있습니다. 만약 조르주와 안느 부부가 가족 존엄 개입 프로그램에 참여했더라면 조르주는 혹시 다른 결정을 할 수도 있지 않았을까요?

가족 존엄 개입

FDI는 훈련된 치료사가 진행하는 네 개의 표준화된 임상 세션으로 구성되며 모든 과정은 2주 이내에 완료합니다.

첫 번째 세션에서는 치료사가 환자와 가족 돌봄 제공자 간의 대화를 구조화하여 치료의 초점, 목표, 방향을 설정합니다. 이후 FDI 면접 질문 세트(환자 및 가족 돌봄 제공자를 위한 질문Family Dignity Intervention Dyadic Interview Questions)를 미리 공유합니다. 이 질문들은 환자의 생애 경험을 가족과 연계해 탐색하도록 설계되어 있습니다. 이 과정에서 가족 돌봄 제공자는 환자의 이야기 속에서 자신의 기억을 공유하게 됩니다.

두 번째 세션에서는 미리 공유한 전체 질문에 관한

면담을 진행합니다. 치료사는 환자와 가족이 함께 대화할 질문을 조정하고, 이들의 생각과 이야기 구조를 정리하는 데 도움을 줍니다. 이때 치료사는 환자가 제공한 연대기적 설명, 감정, 사건의 연결성을 정리하여 소중한 기억을 공유할 수 있도록 돕고, 감사를 표현하게 하며, 화해를 촉진하고, 감정을 이끌어냅니다. FDI 면접은 60~90분 동안 진행하며, 녹음한 후 그대로 필사하고, 이후 치료사가 필사한 사본을 편집하여 보다 응집력 있는 기록으로 완성합니다.

세 번째 세션은 약 2~3일 후 진행되며, 환자와 가족들이 치료사가 편집한 기록을 검토하는 시간을 갖습니다.

마지막 세션에서는 '유산legacy 문서'가 제작되며, 이 문서에는 환자가 가족에게 남기고 싶은 의미 있는 이야기와 지혜가 담깁니다.

최종적으로 공유 세션이 진행되며, 이 과정에서 가족과 환자가 소중한 기억을 나누고 함께 감정을 정리할 수 있습니다. 또한 추가로 초대하고 싶은 가족 구성원이 있을 경우 이 자리에서 함께할 수도 있습니다. 이러한 공유 세션은 환자와 가족이 감정을 해소하고, 유산을 남기며, 미래를 위한 준비를 할 수 있도록 돕습니다.

FDI 면접 질문 세트[27]

1. 당신 삶의 역사에 대해 이야기해주세요(사랑하는 사람과 함께한 기억을 포함해서). 가장 중요하고 기억에 남는 순간은 무엇인가요(함께했던 순간 중에서)? 당신은 언제 가장 살아 있다고 느꼈나요(사랑하는 사람과 함께일 때)?
2. 사랑하는 사람과의 관계가 당신의 삶에 어떤 영향을 주었나요?
3. 사랑하는 사람이 당신에 대해 알았으면 하거나 기억해주었으면 하는 것은 무엇인가요?
4. 당신이 생각하기에 (사랑하는 사람의) 가장 중요한 성취나 의미 있는 업적은 무엇인가요(가족, 직업, 지역사회에서)?
5. 사랑하는 사람이 당신에 대해 가장 자랑스러워하는 점은 무엇이라고 생각하나요?
6. 당신이 사랑하는 사람에게 가장 감사하게 여기는 것은 무엇인가요?
7. 사랑하는 사람에게 꼭 전하고 싶은 감사의 말이 있나요?
8. 용서를 구하고 싶거나 용서해주고 싶은 것이 있나요?
9. 사랑하는 사람에게 남기고 싶은 가르침이나 조언, 지혜의 말이 있나요?(또는 사랑하는 사람에게서 받은 가르침 중 가족들에게 전하고 싶은 것이 있나요?)

10. 당신이 미래에 바라는 희망과 꿈은 무엇인가요(당신 자신, 사랑하는 사람, 가족을 위해)?
11. 이 영구적인 기록물을 만드는 과정에서 추가하고 싶은 것이 있나요?
12. 세션이 끝나기 전에, 다시 한번 전하고 싶은 말이 있나요?

안느는 그녀가 자랑스러워하는 제자가 집에 방문했을 때, 베토벤의 바가텔 G단조Bagatelle in G minor를 연주해 달라고 부탁합니다. 바가텔은 프랑스어로 '사소한 것'을 뜻하며 '짧고 즉흥적인 피아노곡'이라는 의미도 있다고 합니다. 영화에서 안느가 제자에게 반복적으로 연습시킨 첫 곡이기도 했지만 저에게는 '인생은 찰나와 같으며 쓸모없어 보이는 사소한 순간들의 집적'임을 표현하는 듯한 느낌이 들었습니다. 남겨진 사람이 간절히 그리워하는 것은 결국, 그 사람과 함께하는 동안 차곡차곡 쌓아온 사소한 순간들입니다. 생의 마지막에 사랑하는 이들과 그 순간들을 되새기며 함께 나눌 수 있는 시간이 주어진다면, 그것이야말로 존엄한 '좋은 죽음' 아닐까요?

/ 상담실 문을 닫으며 /

슬픔이 흐를 수 있는 사회

자살 사별자에 관한 짧은 공익 영상물 제작을 의뢰하기 위해 한 웹툰 작가와 만나 이야기를 나눈 적이 있었습니다. 작가는 삶과 죽음이라는 주제를 대중의 눈높이에서 너무 무겁지도 가볍지도 않게 그려내던 분이었어요. 비용을 넉넉히 드릴 수 있는 상황이 아니었지만, 작가가 기꺼이 이 작업에 응해주었던 이유는 웹툰 댓글이나 공개된 이메일, SNS 개인 메시지로 '죽고 싶다'는 청소년들의 호소를 자주 들었기 때문입니다. 아이들의 질문을 그냥 무시하기에는 심각했고, 그렇다고 진지하게 답하기에는 스스로도 감당하기 어려운 면이 있었기에 다른 방식으로 그들에게 도움이 되는 일을 하고 싶다는 얘기였어요.

삶을 포기하고 싶다고, 이런 상황에서 왜 기어코 살아야 하냐고, 내 맘대로 태어난 것도 아니니 죽는 것만이라도 내가 선택하고 싶다는 질문에 그럴 듯한 대답을 내놓지 못하는 건 정신건강 전문가도 마찬가지입니다. '왜 살아야 합니까'라는 질문에 죽음에서 삶으로 기꺼이 발길을 옮길 수 있도록 하는, 만능열쇠 같은 답변을 저는 아직 준비하지 못했습니다. 어쩌면 죽고 싶은 모두를 설득할 수 있는 단 하나의 정답은 없을지도 모릅니다. 그 답을 찾는 일은 삶을 끝내고 싶을 만큼의 고통을 호소할 때, 온 마음을 열어 깊게 귀 기울여야 겨우 한 줄기 찾을까 말까 한 어려운 작업인 것 같습니다.

그날 작가가 저에게 텐도 아라타의 《애도하는 사람》이라는 책을 읽어봤느냐고 물었습니다. 당시 제가 하고 있는 일이 그 책의 주인공 시즈토가 하는 일과 비슷한 느낌이 든다고 말이죠. 그때까지 저는 저를 '애도하는 사람'이라고 생각하지 않았습니다. 자살률을 낮추기 위해 필요한 데이터를 수집하는 연구자의 정체성이 더 강했으니까요.

《애도하는 사람》이 우리나라에 출간된 것은 2010년

이었습니다. 그때는 전직 대통령이 사망한 뒤 온 나라가 애도와 추모, 분노와 증오, 비방이 뒤엉켰던 시기였죠. 그리고 제가 작가로부터 책을 소개받았던 때는 세월호 1주기가 지난 어느 날이었습니다.

소설 속 주인공 시즈토는 친구의 1주기를 잊어버렸다는 데 충격을 받고는 직장을 그만두고 신문과 라디오, 잡지에서 얻은 정보를 따라 죽음의 장소를 방문합니다. 언론에 보도될 만한 죽음이라는 것은 대개 사건·사고로 인한 죽음이었죠. 교통사고, 투신자살, 살인사건으로 인한 죽음들이요. 시즈토는 교통사고가 난 어느 골목길, 누군가가 투신자살한 철도 건널목, 자식이 부모를 죽인 집을 무작정 찾아갑니다. 그리고 그곳에서 '고인이 누구에게 사랑받고 또 누구를 사랑했는지', '고인에게 어떤 일로 누가 감사를 표했는지'를 알아내 기록합니다. 죽음에 이른 이유나 고인의 평판은 전혀 고려 사항이 아니었습니다. 그에게 모든 죽음은 평등했고, 고인이 애도할 만한 사람인지 아닌지 판단하거나 선택하지 않았습니다. 오직, 차별 없이 죽음을 기억하는 일과 어떤 사랑의 기억을 보존할지를 고르는 일에만 집중하는 시즈토의 태도는 '애도'라는 화두를 안고 수행하는 수도자의 모습 같기도 합니다.

당시 심리부검 면담 프로젝트에 참여 중이었던 저는 시즈토와 달랐습니다. 심리부검 면담이라는 것은 고인이 죽음에 이른 이유 중 가장 그럴싸한 이유를 판단하고 선택하는 일이었거든요. 제가 만난 죽음은 평등하지 않았습니다. 더 정확히 말하면 죽음은 죽은 자에게만 평등할 뿐, 남겨진 사람에게는 평등하지 않았습니다. 어떤 죽음은 많은 사람들 입에 오르내리며 사회적 의미를 부여받고, 어떤 죽음은 은폐되며, 어떤 죽음은 철저하게 사적인 슬픔으로 남습니다. 남겨진 이의 삶 전체를 뒤흔드는 죽음이 있는가 하면 순식간에 잊히는 죽음도 있습니다. 이처럼 죽음에 대한 해석, 그리고 애도의 무게와 방식은 남겨진 이의 상황에 따라 달라집니다.

그때에 비해 지금의 저는 '애도하는 사람'에 조금 더 가까워졌습니다. 상실의 고통을 삶의 일부로 안고 살아가는 사람을 만나 애도가 무엇인지, 왜 애도가 중요한지, 어떻게 애도해야 하는지를 함께 얘기해야 하니까요. 그리고 어떤 사람의 삶에도 차이를 두지 않고 함께 애도하려고 하고, 그 누구의 삶이라도 기억할 만한 것으로 평등하게 대하며, 이 세계에 존재했다 사라진 한 인간의 죽음에 편견 없이 추모하는 마음을 가지려고 애씁니다.

'애쓴다'고 말씀드린 이유는 그것이 언제나 가능한 일은 아니어서 그렇습니다. 범죄를 저지르고 스스로 목숨을 끊은 사람의 가족을 만날 때, 살아 있는 내내 타인을 괴롭히는 데 몰두했던 인생이었고 그의 죽음으로 인해 누군가가 해방감을 느꼈다는 이야기를 듣다 보면 그 사람이 생전에 누굴 사랑했고 누가 그 사람에게 고마움을 표현했는지 따위는 별로 알고 싶지 않거든요.

몹시 불편한 애도입니다. 불편한 상황은 언제나 중요한 질문을 던지는 것 같습니다. 우리는 어디까지 한 인간의 죽음을 기억하고 애도할 수 있는가? 행위를 미화하지 않으면서 죽음 그 자체가 남긴 질문과 상처를 직시하는 것, 애도의 윤리에 대해 성찰하게 만듭니다.

소설 《애도하는 사람》과 결이 비슷한 영화로 우베르니 파솔리니 감독의 〈스틸 라이프〉가 있습니다. 런던 케닝턴 구청에서 22년째 일하고 있는 공무원 존 메이는 아무도 찾지 않는 무연고 시신을 처리하는 업무를 맡고 있습니다.[28] 존의 상사나 동료들은 '장례식이란 산 사람을 위한 것인데 무연고 시신에 신경 쓸 필요가 없다'고 말하죠.

그들은 무연고자의 죽음을 애도할 필요조차 없는 무가치한 것으로 간주합니다. 따라서 그들을 위해 장례를 치르는 것은 안 그래도 팍팍한 예산을 낭비하는 불필요한 사업일 겁니다. 산 사람을 위해서 쓸 돈도 부족한 마당에 가족조차 찾지 않는, 이미 죽은 사람을 위해 장례식을 치르다니! 행정력 낭비, 예산 낭비로 수많은 민원을 받고도 남을 사안입니다. 하지만 존 메이는 아무도 찾지 않은 무연고 사망자를 존엄하게 대하고 애도합니다. 고인의 삶을 알 수 있는 사진과 유품을 정성스럽게 수습하고 연락이 닿을 만한 지인들에게 소식을 알리고 추도문을 작성하고 장례식에 참석합니다. 아래는 존 메이가 무연고 사망 여인 제인 포드를 위해 작성한 추도문입니다

> "우린 이곳에 모여 제인 포드의 삶을 기리려고 합니다. 세계가 평화를 찾은 1945년 여름 스카버러에서 포드 부부의 외동딸로 태어나 혼란스러운 시기에 예고 없이 찾아온 귀한 사랑의 결실로서 부모의 기쁨이 됐습니다. 작은 즐거움에도 감사하는 자세로 맑은 날 해변의 온기와 소박한 목걸이와 립스틱 하나에도 기뻐했습니다. 플라멩코 댄스를 각별히 좋아하여 붉은 드레스를 입고 멋진 춤을 뽐내곤 했죠. 황혼엔

수지라는 고양이를 보살피며 많은 날을 함께하고 즐거운 성탄절도 보내기도 했습니다."

이처럼 존 메이는 죽은 이에 관해 아는 것이 아무것도 없는 상황에서조차 그들이 존엄하게 삶을 마무리할 수 있도록 정성을 다했습니다. '죽은 자'를 대하는 그의 태도는 '죽음의 허무함'을 '삶의 존엄함'으로 전환시킵니다. 하지만 그런 존 메이는 결국 장례에 비용을 지나치게 많이 사용한다는 이유로 해고를 당합니다. 후임으로 온 공무원은 무연고 사망자의 유골을 마치 쓰레기를 버리듯 처리해 버립니다. 고독했던 자의 삶 전체를 끝내 무가치하게 만들어버리는 행위죠. 우리 곁에 함께 살았던 이의 마지막을 어떻게 대하느냐는 우리 사회가 서로의 삶을 얼마나 소중하게 대하는가를 반영합니다.

상담실에서 사별자가 겪은 죽음의 이야기를 들으며 가장 크게 느낀 것은 우리 사회가 '죽음'에 놀랄 만큼 무지하다는 사실이었습니다. 오로지 '사는 일'에 집중하다 보니 마치 우리는 절대 죽지 않을 것처럼, 그런 일은 나에게 생기지 않을 것처럼 살아갑니다. 그러다 가까운 사람의 죽음을 맞이하고서야 허둥지둥 삶의 의미를 생각하게 됩니다.

우리는 살아 있는 동안 반드시 누군가의 죽음을 목격하고 언젠가 내 삶 역시 죽음으로 끝날 것을 알고 있습니다. 그리하여 삶의 어떤 순간 죽음에 대해 생각하지 않을 수 없는 운명입니다. 조금 이르거나 늦은, 시기의 차이만 있을 뿐이죠. 하지만 우리는 인간의 공평한 조건인 죽음을, 그리고 상실을 잘 알지 못합니다. 평온한 일상에 무례하게 침입한 괴물처럼 죽음을 대하고 죽음이 떠난 후 짓밟히고 파괴된 흔적 한가운데에서 홀로 고통스러워하지요. 죽음을 알지 못하니 애도 또한 제대로 이루어질 수 없습니다. 죽음과 죽은 이들을 대하는 태도가 바로, 언젠가 사별자가 될 우리가 온전히 슬퍼하고 치유될 것인지 아닌지를 가르는 조건입니다.

불교 설화 중 아들을 잃은 키사 고타미Kisā Gotamī의 이야기는 죽음에 관한 진리를 우리에게 전합니다. 그녀는 첫 아들을 잃은 여인이었습니다. 죽은 아들의 시신을 안고 다시 살려낼 약을 찾아 거리를 헤매다 결국 부처 앞까지 가게 되었죠. 부처는 그녀의 간청을 듣고 이렇게 말했습니다. "그래, 내가 너의 아들을 살릴 약을 만들어주겠다. 하지만 약을 만들려면 한 가지 재료가 필요하구나. 도성에 들어가 집집마다 돌아다니되, 지금까지 그 집에서 아무도 죽은 적이 없는 곳에서 겨자씨를 얻어 오너라." 고타미는 부처의 말을 따라 죽음이 지나가지 않은 집을 찾아다녔으나 부처의 요구를 충족할 수 없음을 알게 됩니다. 결국 그녀는 아들의 시신을 화장터로 가져갔고 그 후 부처에게 돌아와 진리를 배우고자 했습니다.

고타미가 깨달은 것은 무엇일까요? 죽음은 누구도 피해갈 수 없는 인간에게 공평하게 주어진 조건이며, 돌이킬 수 없는 그 상실을 거부하고 집착하면 할수록 더 고통이 따른다는 것입니다. 여기에 더해 이 설화에서 제가 주목했던 것은 '애도 공동체'에 관한 것입니다. 고타미는 죽음을 겪지 않은 집의 겨자씨를 구하기 위해 가가호호 방문해 사람들과 이야기를 나눕니다. 그들은 모두 그들 가족에게 있었던 죽음을 이야기하죠. 죽음은 한 개인의 고통이 아니라 우리 모두가 겪는 보편적인 경험, 공동체의 경험이라는 교훈을 깨닫게 하는 지점입니다.

설화에 나오지 않았지만 애도 상담자로서 상상을 덧붙여보고 싶습니다. 아마도 고타미의 애절한 상황을 들은 사람들은 고타미의 고통에 공감하고 위로를 건넸을 겁니다. 그리고 고타미 역시 겨자씨를 얻어야만 하는 상황, 즉 자식의 죽음을 이야기하지 않을 수 없었겠죠. 저는 고타미가 깨달은 진리가, 그리고 고통을 견디는 힘이 '관계' 속에서 피어났다고 믿고 싶습니다. 죽음을 겪었고, 겪고 있고, 겪을 사람들과의 연대 말이죠. 이후 고타미는 화장터에서 아들을 떠나보내는 '의례ritual'를 할 수 있었고 삶의 진리를 찾는 수행자로서 생을 이어갑니다.

죽음은 본질적으로 '관계적 사건'입니다. 사별자들을 제대로 애도하지 못했던 이유는 그들의 슬픔을 안전하게 담아낼 공간이 부족했기 때문입니다. 저는 상실의 슬픔이 억눌리지 않고 관계 속에서 철철 흘러나오길 바랍니다. 슬픔이 흐를 수 있는 사회는 악하지 않습니다. 슬픔이 흐를 수 있는 관계는 치유적입니다. 상실의 고통 속에 있는 사람들이 자신의 기억을 마주하고 다시 꺼내어 충분히 아파한 뒤 기꺼이 살아낼 용기를 찾을 수 있길 바랍니다. 저 역시 계속 애쓰겠습니다.

미주

1 "데이비드 벤+Axt 우리는 늘 자기 삶의 이야기를 가져야 한다", 〈Axt〉 no. 015, 2017.11/12, 40쪽.

2 보건복지부와 한국생명존중희망재단이 함께 발행한 〈2025 자살통계 연보〉에 따르면 전체 자살 사망자 중 자택 사망 비율이 41퍼센트를 차지한다.

3 PFA는 외상 직후 며칠간의 급성기 반응을 다루며 '고통을 사라지게 하는 치료'가 아니라 '고통을 견디고 회복으로 나아가도록 돕는 일'에 초점을 둔다. PFA의 핵심은 다음과 같다. 1) 접촉과 관계 맺기(contact): 강요하지 않고, 곁에 머물며 신뢰를 형성한다. 2) 안전과 편안함 제공(safety and comfort): 환경적·정서적 안전감을 회복시키는 데 집중한다. 3) 안정화(stabilization): 불안이나 혼란이 격해질 경우 간단한 호흡, 신체감각 회복 등을 돕는다. 4) 실질적 도움(practical assistance): 장례, 일상 문제 해결 같은 구체적 필요를 지원한다. 5) 사회적 지지 연결(social support): 가족·친구·동료와의 관계망을 회복시키도록 돕는다. 6) 대처 정보 제공(coping information): 정상적 애도 반응임을 알려주고, 자가 돌봄 방식을 제안한다. 이러한 개입을 통해 데이비스와 같은 상실자는 당장 눈물이 나오지 않더라도 "감정이 차단된 지금 이 상태조차 이해받고 지지받을 수 있다"는 경험을 하게 된다. 이것이 곧 정서적 마비를 삶 전체에 고착시키지 않고, 서서히 애도의 흐름 속으로 들어가도록 만드는 첫걸음이 된다.

4 Zimbardo PG, Boyd JN. (1999). Putting Time in Perspective: A Valid, Reliable Individual-Differences Metric. *Journal of Personality and Social Psychology*, 77(6), 1271-1288.

5 제임스 W. 페니베이커, 존 F. 에반스, 《표현적 글쓰기》, 이봉희 옮김, 엑스북스, 2017, 53쪽.

6 Shear KM, Jackson CT, Essock SM, Donahue SA, Felton CJ. (2006). Screening for complicated grief among project liberty service recipients 18 months after September 11, 2001. *Psychiatr Serv* 57(9), 1291-1297.

7 Barbara E. Thompson, Robert A. Neimeyer, 《애도상담과 표현예술: 의미창출을 위한 상담기법》, 유영권·박경은 옮김, 학지사, 2020, 9쪽.

8 Brymer M, Jacobs A, Layne C, Pynoos R, Ruzek J, Steinberg A, 외. (2017). 학교 응급 심리지원(Psychological First Aid for Schools Field Operations Guide, 2판). *미국 국립 아동 트라우마 스트레스 네트워크(NCTSN) 및 PTSD 국립센터.* https://www.nctsn.org/resources/psychological-first-aid-schools-pfa-s-field-operations-guide.

9 브렌다 맬런, 《사별을 경험한 아동·청소년 상담하기》, 안병은·문현호·서청희·백민정·김미숙 옮김, 한울아카데미, 2016, 124쪽과 129쪽.

10 Neimeyer RA. (2001). *"Meaning reconstruction & the experience of loss"*, Washington, DC: American Psychological Association.

11 Gibbons R. (2025). Someone is to blame: the impact of suicide on the mind of the bereaved (including clinicians). *BJPsych Bulletin*, 49(1), 36-40.

12 Little M, Jordens CFC, Paul K, Montgomery K, & Philipson B. (1998). Liminality: A major category of the experience of cancer illness. *Social Science & Medicine*, 47(10), 1485-1494.

13 Bristowe K, Timmins L, Pitman A, Braybrook D, Marshall S, Johnson K, King M, Roach A, Yi D, Almack K, Day E, Clift P, Rose R, & Harding R. (2024). Between loss and restoration: The role of liminality

in advancing theories of grief and bereavement. *Social Science & Medicine*, 344, Article 116616.

14 American Foundation for Suicide Prevention. (n.d.). *"How to talk to a suicide loss survivor: A #RealConvo guide"*, Retrieved September 3, 2025, from https://talkawaythedark.afsp.org/suicidelosssurvivor.

15 Doka KJ, & Martin TL. (2011). Grieving styles: Gender and grief. *Grief Matters: The Australian Journal of Grief Bereavement*, 14(2), 42-45.

16 러스 해리스, 《수용전념치료와 함께 역경 마주하기》, 박경·김혜은 옮김, 학지사, 2021, 44-46쪽.

17 1) 상실의 현실을 받아들이기. 2) 상실의 고통을 경험하고 표현하기. 3) 고인이 없는 환경에 적응하기. 4) 고인과 정서적 유대를 유지하면서 삶을 유지하기.

18 브렌다 맬런, 《사별을 경험한 아동·청소년 상담하기》, 안병은·문현호·서청희·백민정·김미숙 옮김, 한울아카데미, 2016, 13쪽.

19 http://www.dazedkorea.com/feature/article/2063/detail.do.

20 Brookman R, Harris CB, & O'Connor M. (2024). A role for event centrality in prolonged grief disorder. *Scientific Reports*, 14(1), 22093.

21 김대호·이현지, 《심상기반 외상치료》, 하나의학사, 2023, 198-201쪽.

22 조명숙, 이영호. (2011). 사건 중심성 척도의 타당화 연구(A Validation Study of the Centrality of Event Scale-Korean version). *한국심리학회지*, 30(3), 763-774.

23 고미혜, "통증 없는 죽음이 '좋은 죽음'" … 국민 82%, 조력 존엄사 찬성, 〈연합뉴스〉, 2025.02.23., https://www.yna.co.kr/view/AKR20250222019400530?input=1195m.

24 2024년 2월 개봉한 하야카와 치에 감독의 영화로 초고령사회에 진입

한 일본 정부가 청년층의 부담을 줄이기 위해 75세가 넘은 국민의 죽음을 적극 지원하는 '플랜 75'를 시행하게 된다는 가상의 상황을 설정해, 이를 둘러싼 주인공들의 갈등과 고민을 다룬 이야기.

25 '좋은 죽음'을 위한 7대 원칙, 한국보건의료연구원. 2024년 10월 21일 보도자료.

26 Ho AHY, Car J, Ho M-HR, Tan-Ho G, Choo PY, Patinadan PV, Chong PH, Ong WY, Fan G, Tan YP, Neimeyer RA, & Chochinov HM. (2017). A novel Family Dignity Intervention(FDI) for enhancing and informing holistic palliative care in Asia: Study protocol for a randomized controlled trial. *Trials*, 18(1), 587.

27 Harris DL & Ho AHY. (Eds.), *"Compassion-based approaches in loss and grief"*, Routledge, 2023, pp.150-155.

28 영국의 지방 정부는 1984년 공공보건(질병통제)법Public Health(Control of Disease Act)에 따라 무연고자의 사망에 대한 장례를 준비할 책임을 지방 정부의 책무로 명시하고 있다. 우리나라의 경우 '무연고 사망'에 대한 개념은 장사 등에 관한 법률 제2조와 보건복지부 장사 업무 안내에서 확인할 수 있다. 무연고 시신이란 첫째, 연고자가 없는 시신, 둘째, 연고자를 알 수 없는 시신, 셋째, 연고자가 있으나 시체 인수를 거부·기피하는 등의 시신으로 규정한다(보건복지부 2024:206).

슬픔이 서툰 사람들

초판 1쇄 펴낸날 2026년 1월 20일

지은이 고선규

펴낸이 이은정

제작 제이오

디자인 어나더페이퍼

표지 사진 이옥토

펴낸곳 도서출판 아몬드

출판등록 2021년 2월 23일 제 2021-000045호

주소 경기도 고양시 덕양구 청초로 10, 지엘메트로시티한강 A1동 1716호

전화 02-3158-2103 팩스 031-5176-0311

전자우편 almondbook@naver.com

페이스북 /almondbook2021 인스타그램 @almondbook

ⓒ고선규 2026

ISBN 979-11-92465-28-9 (03180)

○ 이 책은 저작권법에 의해 한국 내에서 보호를 받는 저작물이므로 무단전재와 복제를 금합니다.
이 책 내용의 전부 또는 일부를 사용하려면 반드시 저작권자와 도서출판 아몬드의 동의를 받아야 합니다.
○ 잘못 만들어진 책은 구입하신 서점에서 바꾸어 드립니다.
○ 책값은 뒤표지에 있습니다.